シリーズ「遺跡を学ぶ」054

新泉社

縄文人を描いた土器

和台遺跡

新井達哉

縄文人を描いた土器
―和台遺跡―

新井達哉

【目次】

第1章　縄文人あらわれる……4
1　人体文土器の発見……4
2　狩猟文土器の発見……15
3　住居群の発見……22

第2章　「複式炉」の究明……29
1　白山遺跡と後藤守一……29
2　複式炉の命名……42
3　複式炉は何に使われたか……44

第3章　和台縄文人の大集落……48
1　和台縄文ムラの構成……48
2　ムラのいろいろな施設……50

装幀　新谷雅宣
本文図版　中原利絵

3　生活の遺物……58
4　祭祀の遺物・遺構……63

第4章　川と山のネットワーク……72
1　遺跡を育んだ阿武隈川……72
2　拠点的集落とそのネットワーク……76
3　遠方との交易と搬入ルート……84

第5章　火の縄文文化の終焉……87
1　複式炉文化……87
2　和台縄文ムラの終焉……90

参考文献……93

第1章　縄文人あらわれる

1　人体文土器の発見

写実的な人体文様

「あの土器見た？　新聞にのってた土器！」

一九九九年八月二七日、読売新聞全国版の朝刊一面トップに「重要文化財級の発見」の見出しが躍った。当時、大学院生で修士論文の作成中だったわたしは、同級生とそんな会話をした覚えがある。新聞には、縄文土器の表面につけられた縄文人が、わたしたちを見すえるようにまっすぐ前を向いて写っていた（図1）。

縄文時代に人間の姿を写実的に表現したものとしては、土偶《どぐう》が一般的である。一方、土器に描かれた人の姿は抽象的であったり、または人の一部をかたどったものが多く、だれが見てもきちんと人間に見える文様の付いたものは意外に少ない。しかし、この土器の人間の顔には眉、

図１●和台遺跡出土の人体文土器
人体部分は身長 20㎝。器面から浮かびあがるような立体的な表現で、
見る者を惹きつける（福島県指定重要文化財）。

目、鼻、口がつき、鼻筋はすーっと通って、きちんと鼻の穴が二つあいている。腕・胴体・足もはっきりし、手と足の先端部には丸みがあり、胴体部分よりも立体的になっている。

正面から見ると、口を真一文字に結んだ凛々《りり》しい表情だが、斜め下から見ると、口を開けてぽかんとしているように見えたりする（カバー写真参照）。見る角度や見る者の心理状態によってさまざまな表情を楽しませてくれるのだ。

わたしは新聞一面のトップを飾ったこの人体文《じんたいもん》土器に目を奪われ、新聞記事を通して、この土器が出土した和台《わだい》遺跡をはじめて知った。そして、数年後にまさか自分がその遺跡の担当者として発掘調査をすることになろうとは、その時は夢にも思わなかったのである。

複式炉に埋められた土器

考古学上の新発見といえば、発掘現場で出土した途端に「これはスゴイ！」と脚光を浴びることが多い。しかし、この人体文土器は、人の文様が最後の最後まで地中に埋もれていたために、発掘現場で発見されることがなく、室内の整理作業ではじめて発見された。

本発掘調査の最初の年、人体文土器の口縁部《こうえんぶ》（一番上の縁の部分）が地上に顔を出していた。ただし、一年目の調査では竪穴住居跡《たてあなじゅうきょし》（三九号住居跡）の炉に土器が設置されていることを確認した（図2）ところで調査期間が終了してしまった。福島県を含めた東北地方では、雪の降る季節になると発掘調査はできず、いわば遺跡は冬眠する。

調査の中断期間は遺跡を保護するためにシートをかけるが、霜柱によって遺物が動いてし

図2 ● 人体文土器の見つかった竪穴住居と典型的な複式炉
上：住居跡の中央部が人体文土器。人の顔は西の方角（写真左側）を向いていた。複式炉の石は抜き去られている。
下：典型的な複式炉は、このような形をしている。

まったり、さらに悪い場合には、土にまぎれて遺物がなくなってしまったりすることがある。そこで最初の年に、見えていた土器の一段目だけがとり上げられた。

そして冬の整理作業で、作業員の間では、その一段目にあった顔の文様がちょっとした話題になった。しかしその時点では、だれも完全な人体の造形が残っているとは想像していなかったのである。

そして二年目の調査。この竪穴住居跡の調査は終了し、土器は完全にとり上げられた。というと、土器の形のままとり出されたように思われるかもしれないが、そう簡単なことではなかった。この土器は縄文人の手によって、竪穴住居の炉の構造部の一つとして地中に埋められていたのである。

「複式炉《ふくしきろ》」とよばれているこの炉については第2章でくわしく説明するが、非常に堅固な構造をしており、炉に設置された土器をとり上げるためには、複式炉を縦に真っ二つに断裁する必要があった（図3）。そのためとり上げた時点では、土器の文様を逐一観察していられる状況ではなかったのである。また泥が付着していたため、作業員は、だれも顔のついた土器の片割れだとは気づかなかった。

土器片を水で洗っていると

人体文土器がようやく完全な人の形となって現代人と対面したのは、発掘二年目の冬、整理作業中の出来事だった。整理作業員の主婦五人が、いつものように泥の付いた土器の破片を水

図3 ● 縦に断裁された複式炉と土器のとり上げ作業
複式炉は石でかこまれた炉のため、土器をとり上げるには炉を縦に断裁しなければならない。

で洗っていると、不思議な破片を見つけた。

「なんだい？　ひとがた付いてんでねっかい？」

破片には人の胴体と手のような文様がついている。同じ袋の破片を洗ってみると、右手、胴体、右足、左足の文様が出てきた。しかし、顔の部分はどこを探しても見つからない。

「そういえば、去年、顔みたいな土器なかったかい？」

整理作業員の高野くに子は、すぐさま顔の存在がひらめいたという。大急ぎで最初の年に見つかった顔のついた土器をさがし出し、顔と胴体をつなげてみた。すると顔の破片と胴体の破片はぴたりと合わさり、驚くほど端整な顔立ちをした縄文人が姿をあらわしたのである。

こうして人体文土器は、住居跡の発見から一年五カ月を経てようやく元の姿に戻り、日の目を見ることになった。和台縄文人がこの人体文土器を地中に埋めてから約四〇〇〇年、人体文土器はふ

図4●和台遺跡から出土した土器群
サイズや形状の異なった土器が約600個体復元された。

たたび人の目にさらされることになったのである。

人体文土器の美

和台遺跡では、大小合わせて約六〇〇個体の縄文土器が復元されている（図4）。人体文土器はそのなかでもデザイン、技法ともに優れた傑作だ（図5）。

口縁部の直径二八センチ、高さ三二センチ。和台遺跡では平均的なサイズの土器である。人体部分は身長二〇センチ、両腕の幅が一二・五センチ、顔の長さ五・二センチ、顔の幅五・五センチである。この土器は文様から大木《だいぎ》10式とよばれる縄文中期末葉《まつよう》の土器であることがわかっている。

すでに述べたように、人体文土器は

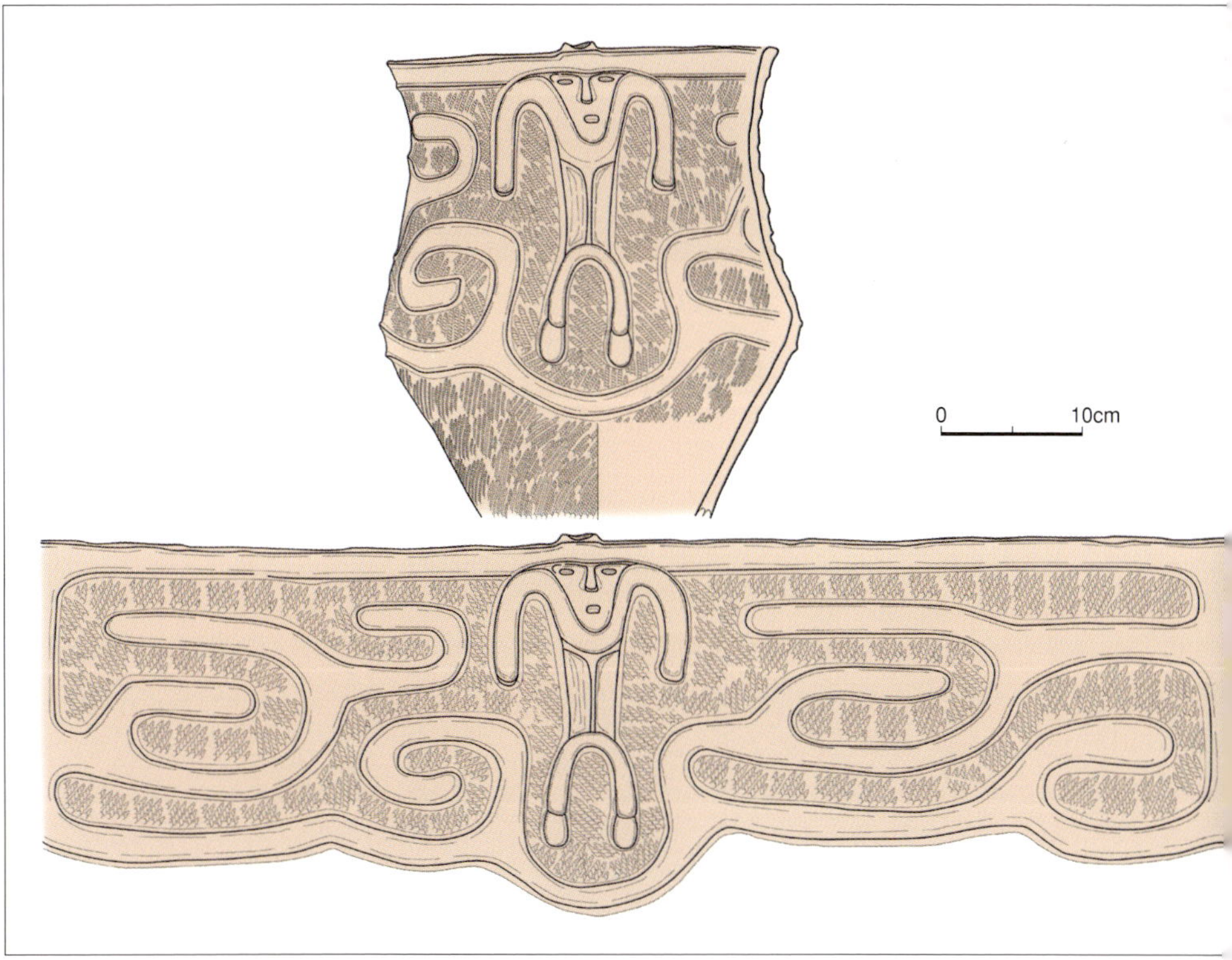

図5 ● 人体文土器の実測図
人体文以外の文様部分は抽象的で、似たような土器も出土している。

複式炉の埋設土器として設置されていた。この住居跡は直径三・五メートルの不整円形で、住居跡としては比較的小型である。住居の構造として特徴的なものは見あたらず、複式炉の石組みを構成する石はほぼ抜きとられており、人体文土器以外には目立った遺物も出土しなかった。

わたしは、ときどき見学者から「人体文はどこ向いてたんだい？」と質問をされる。

わたしの答えは「真西です。ただし地面の中ですが…」というものである。人体文土器は縄文人の手により地中の炉に設置されていたから、外の世界を望むことはなかった。地中で向いていた方角に何かの意味があるのか、現時点では定かではないというのが正直なところである。

見せる役割と隠された意味

縄文土器は一般的には鍋のような煮炊きの道具といわれているが、土器の形によって深鉢《ふかばち》、浅鉢《あさばち》、鉢、皿、注口《ちゅうこう》、壺、釣手《つりて》などがあり、煮炊き以外の用途である盛り付け、貯蔵、液体を注ぐ、ランプなどの使われ方もされたことがわかっている。

また、縄文土器の一生を考えてみると、通常の土器は「つくられ、使われ、壊れ、捨てられる」というライフサイクルが一般的である。それでは人体文土器は、どうだったのであろうか。

人体文土器は本来、縄文人たちの目にさらすためにつくられた、ある種のシンボル的な存在と考えられる。つまり、「つくること」と「見せること」に意味があったと考えるのが現代人の感覚であり、煮炊きをする器とは考えにくい。しかし、人体文土器の表面にはススの付着が認められることから、食料などを内容物として入れ、外面からの炎を受け「煮炊きする」行為

図６ ● **人体文と土偶の表現の違い**
人体文とうりふたつの土偶の顔もあり（左上）、同じ時期の
土偶の表現が土器に用いられたことがわかる。

がされていたことがわかる。

一般的な縄文土器は、焼成《しょうせい》の際の「土器焼きの火」（一次的な焼成）と、調理の際の「調理の火」（二次的な焼成）を受けているものが多く、人体文土器も一般的な縄文土器と同じ使われ方がされていたことがわかる。一方で、胴部下半のひび割れには漆《うるし》による補修痕《ほしゅうこん》が認められ、縄文人ができるかぎり長期にわたって、この土器を大切に使いつづけようとした様子がうかがえる。

そして最終的には、複式炉の埋設土器として地中に埋められる。複式炉に土器を「設置する」という行為は、縄文時代中期の福島県ではごく一般的な事例であり、特殊なものではない。そして、この時点で、縄文人は人体文土器の底を打ち欠き、底抜けの土器にしている。

底部穿孔《せんこう》という行為は、煮炊きする機能を失わせる、言い換えれば、煮沸用の土器のいのちを奪う行為である。一方で、底部穿孔の土器は、魂が抜けるとの意味合いから棺に転用される土器も多い。

本来「見せる」ことに意味があった人体文土器を土のなかに埋め、人体文様を「隠す」行為は、「見せる」ことからかけ離れた「見せない」行為への発想の転換となる。また、炉に埋設された土器は、住居の施設である炉の一部として、日常生活の焚き火（三次的な焼成）の火を受けつづけることになった。

発掘調査を担当した西戸純一《にしどじゅんいち》は「複式炉そのものが日々の祈りを捧げる場であり、人体文土器は火を使った信仰の対象物としての役目も担っていたのではないか」と推定している。また、元福島県考古学会長の梅宮茂《うめみやしげる》は「人形《ひとがた》は一種の火の神ではないか」とし、「複式炉についても、日常生活に使う以上の意味で火に関係する使い方がされていたのではないか」と火との関係を結びつける説を述べている。

縄文人の信仰の造形物である人体文土器。和台遺跡の縄文人にとっては、何らかの信仰の象徴として祀られた特殊な使われ方がされたというのは想像に難くない。しかし、人体文土器は和台遺跡が繁栄した初期から存在したのではなく、最盛期の中盤につくられたものであることもわかっている。縄文時代のある時期から、人体文土器はムラを訪れる縄文人を迎え入れ、和台遺跡はいわば「人体文土器が迎えるムラ」として存在していたのかもしれない。

2　狩猟文土器の発見

「また何か特別なものが……」

人体文土器の発見以来、和台遺跡で働く調査担当者や作業員の間では、「また何か特別なものが出土するのではないか」という期待感があった。そして、人体文土器の発見が公表されてから三カ月後、今度は「狩猟文土器《しゅりょうもん》」が発見された（図7）。

狩猟文土器はバラバラの破片で出土したが、発掘現場で出土したとたんに「動物の文様がついてる！」「ひょっとして狩猟文土器では？」と認識され、周囲の土層やそれ以外の出土遺物などの情報が克明に記録された。

狩猟文土器は、廃屋となった後の窪地に廃棄されたもので、複式炉の埋設土器ではない。ただし、同じ面からほぼ同時期に捨てられた土器が複数出土していること（図8）、狩猟文土器を含めたそれらの土器が別の土層にパックされていることから、狩猟文土器の廃棄された時期は確定しており、縄文中期末葉（大木10式）にあたる。細かくいえば、同じ大木10式のなかで人体文土器よりも年代的には若干新しい時期のものである。

縄文人の狩猟の姿

狩猟文土器とは、狩猟の姿を描いた文様がつけられた縄文土器をさす。出土した狩猟文土器は鉢形で、注口がつく可能性もあり、めずらしい形の土器である。狩猟文様は胴部に描かれている。

四本足の動物はこぶ状の粘土を貼りつけて立体的に表現されている。肩は盛り上がり、足を踏んばり、尻尾を巻いている。動物の左側には、断面が三角形の粘土紐《ひも》で、いまにも矢を射ようとしている弓と矢が描かれ、動物の右側には、五本指の表現された人の手（図9）と、人体文土器と同様の表現をもつ人の足と思われる文様がつけられている。

狩りの道具、狩られる動物、狩る人間の三点がひとつの器面に描かれている狩猟文様は、初の事例であった。また、煮炊きによるこげや煤の付着は認められず、狩猟文様と胴部の磨消縄《すりけしじょう》文《もん》部には綿密な赤彩が施されていることから、日常的な調理用の道具とは一線を画した土器といえる。

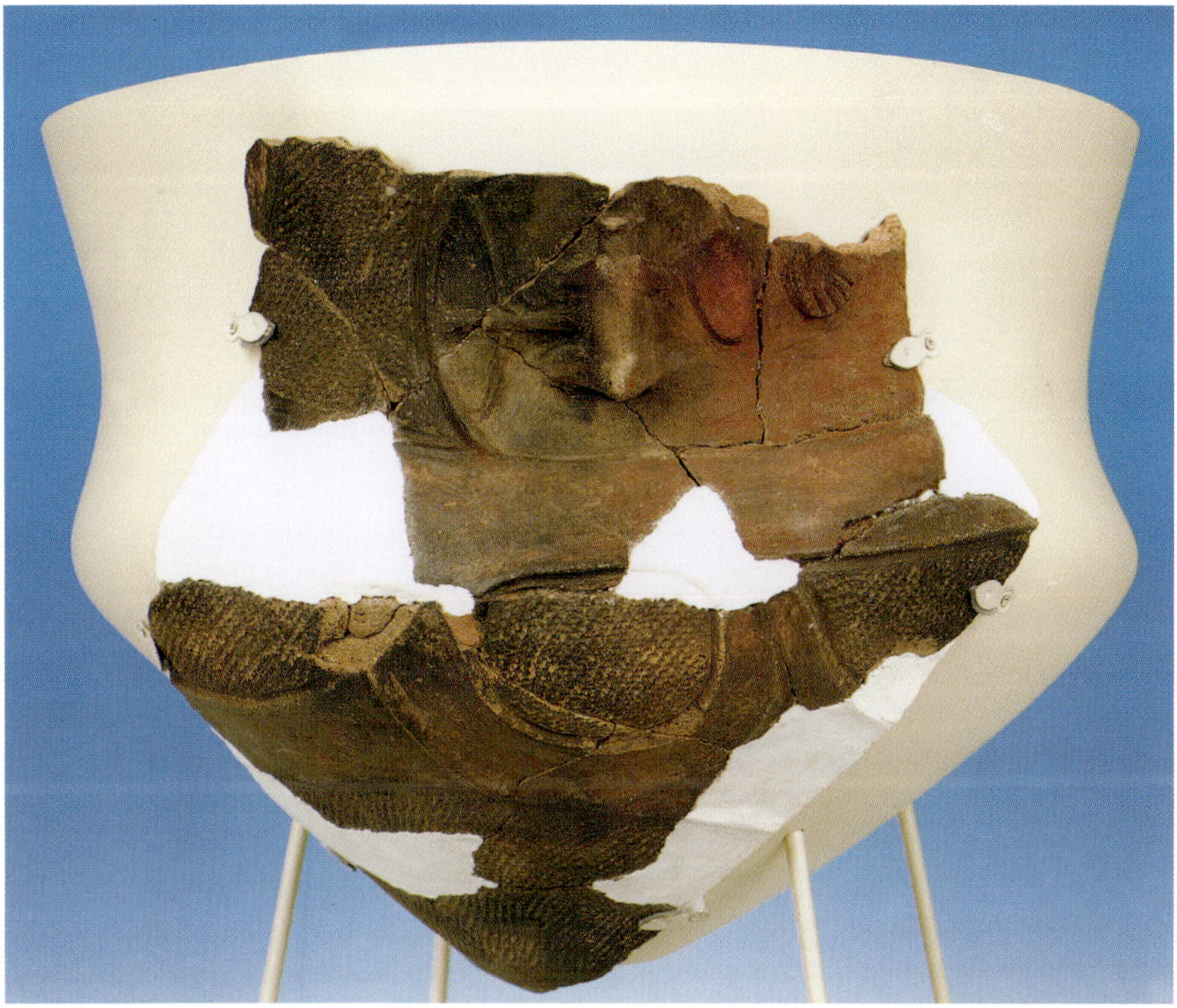

図７ ● **和台遺跡出土の狩猟文土器**（下は拡大図）
左から、弓と矢、四本足の動物、そして人の足と手。
赤い顔料が塗られている（福島県指定重要文化財）。

なお、ほぼ完全な形で出土した人体文土器に対して、狩猟文土器は破片の状態でばらばらに出土した。

狩猟文様の反対側にあたる破片も出土しており、そこには何らかの立体表現が剥落した痕跡があったが、残念ながら文様の完全な姿を復元することはできなかった。

縄文人は狩猟文土器を使用した儀式をおこなった後に、遺跡内の別の場所で土器を割り、破片の一部をもって移動し、竪穴住居跡が埋まりかけた窪地に捨てたものと考えられる。

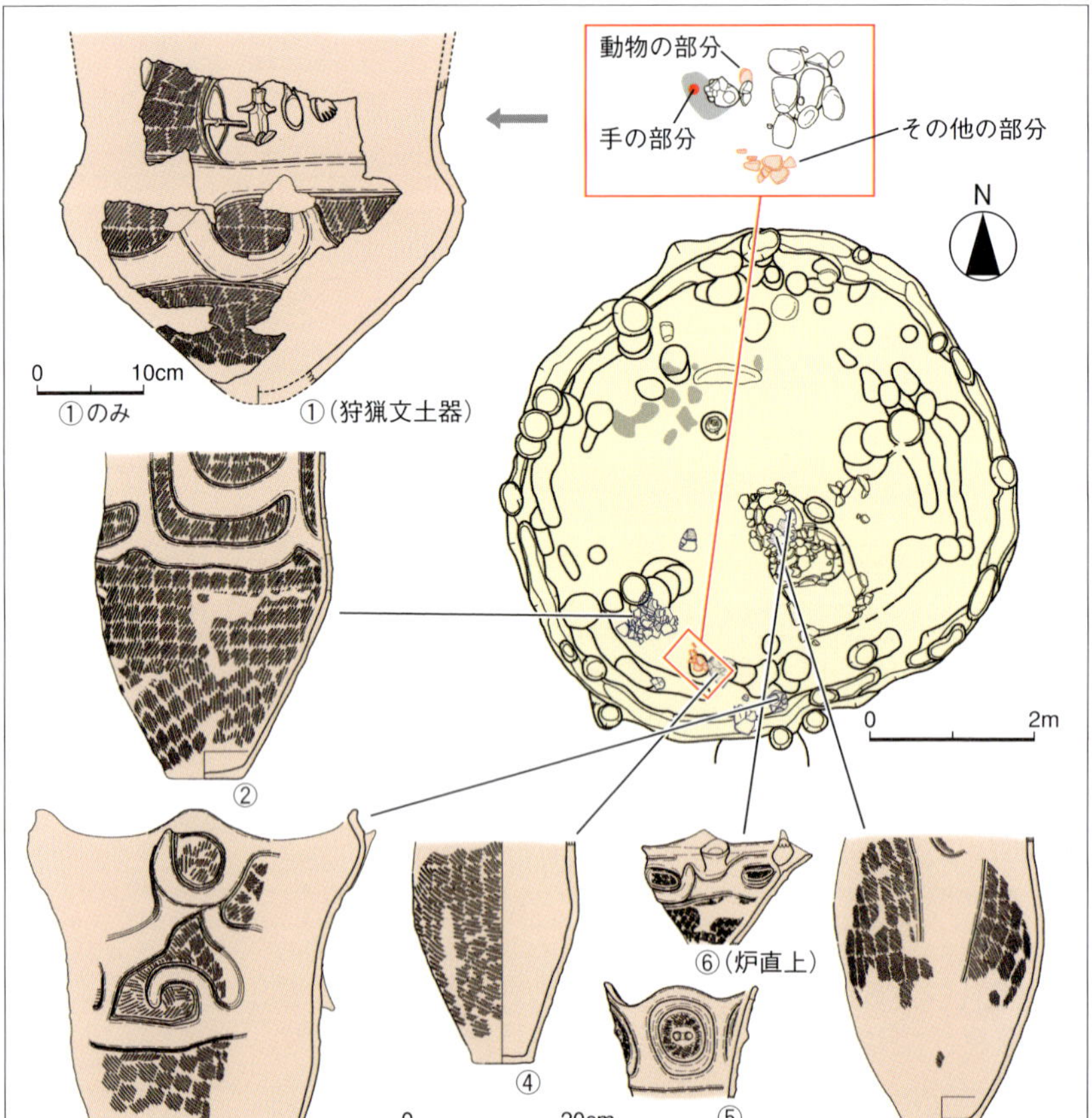

図8 ● 狩猟文土器の出土した竪穴住居と一緒に出てきた遺物
一緒に出た土器は時期を特定する際に、重要な役割を果たす。

狩猟の成功や安全の祈り

狩猟文土器は、狩猟の成功や安全を祈る祭祀《さいし》・儀式に使用された土器と考えられている。狩猟文土器の多くに描かれている動物はイノシシ。イノシシは子だくさんな動物であることから、繁栄の象徴とされ、古事記でも山の主、山ノ神として登場している。現在もイノシシを山の神として崇拝している地方がある。渡辺誠は「縄文人は多産のイノシシを殺す一方で、豊かな恵みを望んでいた。信仰心や精神的な活動を重んじて儀式をしていたのではないか」と述べている。

ただし、和台遺跡の動物は尾を巻いており、イノシシ以外の動物、とくに縄文人と狩猟をともにしたイヌの可能性も捨てきれない。さらに、弓矢文様には矢の先端である矢尻《やじり》に当たる表現がなく、弓と弦《つる》の表現だけから判断すると、矢の先端が動物とは反対方向を向いているようにも見える。その場合、器面を右から左へ見立てたストーリー展開が想定され、人がイヌなどをしたがえて狩りに出て、弓矢を射ようとしているという構図にも見える。

人体文土器はだれが見ても人の全身が描かれているので、だれしも「非常に貴重なのだろう」と想像がつ

図９ ● 人の手と思われる文様の断片の出土状況
五本指の描かれた狩猟文土器の破片。他の破片も1mの範囲でまとまって出土した。

くが、狩猟文土器は縄文土器の文様の一部に狩猟の状況が表現されているため、一般にはなかなか理解してもらいにくい。しかし、考古学研究者の間では、この狩猟文土器の発見のほうが大きな驚きをもって迎えられた。

というのも、狩猟文土器が最初に発見されたのは青森県の韮窪《にらくぼ》遺跡で、その後、北海道南部から青森県、岩手県の北部を中心とした地域で約二〇個体が出土していたが（図10）、それ以外の地方では出土例がなかった。そのため、東北北部の限られた地域にしか分布しない特殊な文様をもつ土器、北方系文化の要素の強い土器と考えられていた。また、出現から消滅までが縄文後期の初頭から前葉《ぜんよう》に収まる短命な文様表現としてとらえられていた。

しかし、和台遺跡は東北南部に位置しており、従来の分布圏のはるか約四〇〇キロも南における出土例であった。それだけでなく、時期も縄文中期末葉（大木10式）ともっとも古い狩猟文土器であることが明らかになったのである。

和台遺跡からの出土以降、狩猟文土器の発見は増加傾向にある。動物文様だけの破片資料もあり、必ずしも時期の判別が可能なものばかりではないが、資料が増加するとともに研究者に新たな材料を提供している。

和台遺跡で狩猟文土器が登場するのは、和台遺跡の最盛期の終わりごろの時期にあたる。この直後になると複式炉は衰退期に入る。つまり、東北南部で複式炉の繁栄した時期に狩猟文様が東北北部に伝わったわけではなく、狩猟文土器だけが独立して東北北部に伝わったということのようである。

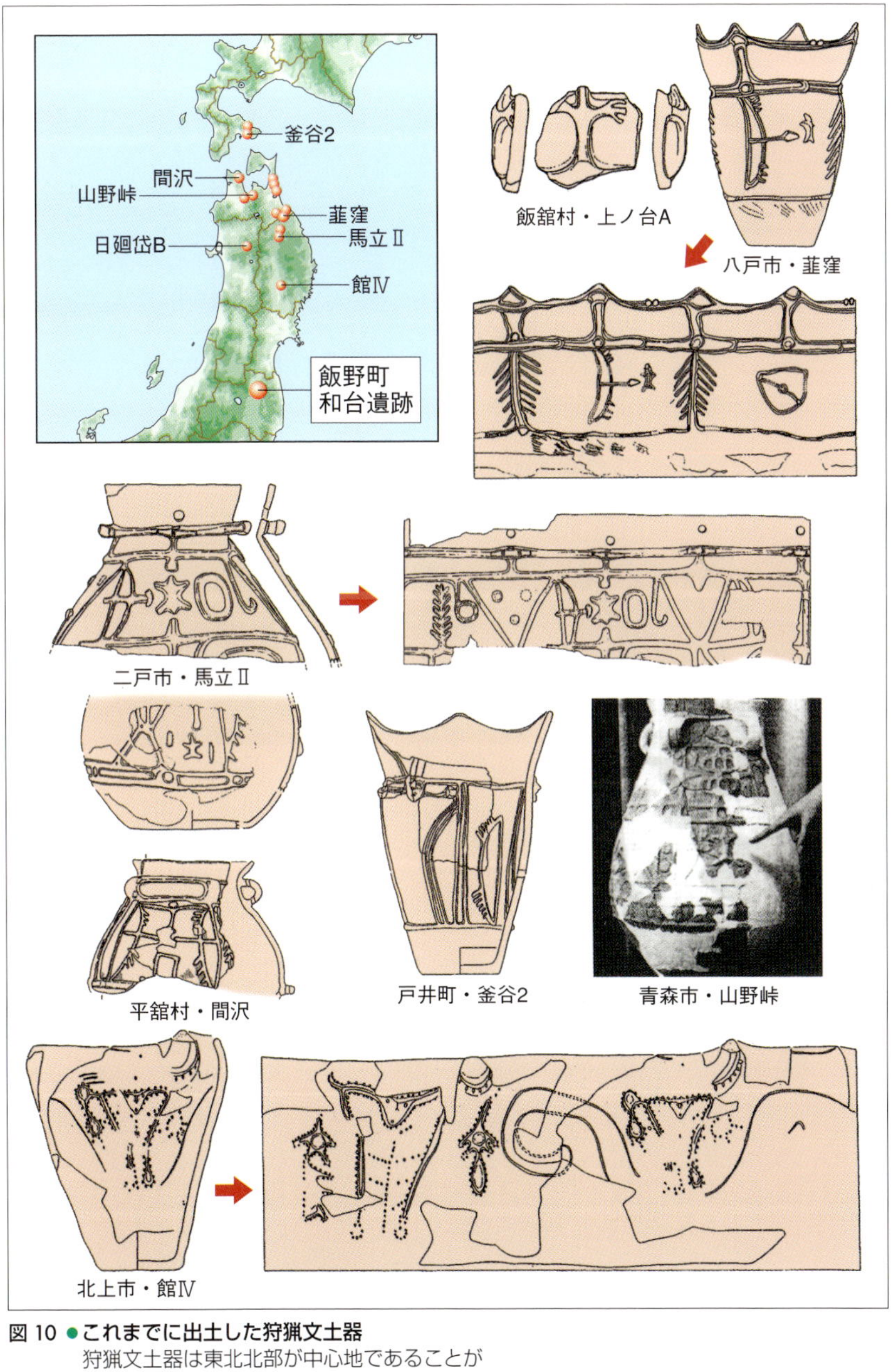

図 10 ● これまでに出土した狩猟文土器
狩猟文土器は東北北部が中心地であることがわかる。和台遺跡は最南端の出土例である。

渡辺誠は、和台遺跡の狩猟文土器発見の際、「縄文人も、近代のまたぎのように獣を追い、想像以上の広範囲を移動していた可能性もある」とのコメントを寄せている。

動物文様の全国的流行

和台遺跡の出土例によって、狩猟文土器の出現は縄文中期末葉にさかのぼることが明らかになったが、その文様表現は後期前葉のうちに消滅してしまう。土器型式でいえば、縄文時代後期をはさんだ二、三型式の時間幅で収束してしまう文様表現である。

しかし、狩猟文土器の終焉《しゅうえん》期にあたる後期前葉には、動物文様だけを土器の内面に施した動物内蔵《ないぞう》土器や動物自体をモチーフとした動物形土製品が数多くつくられ、全国的に広がりをみせはじめる。

これは動物に対する畏怖のあらわれによるものか、縄文人の思想の変化によるものなのであろうか。地域的に限定されていた狩猟文という表現が、その後は動物表現として全国展開をする時期が重なるのは興味深い。

3 住居群の発見

発掘三年、整理三年

和台遺跡は福島県の飯野《いいの》町（二〇〇八年、福島市と合併）にある（図11）。福島県の北部、

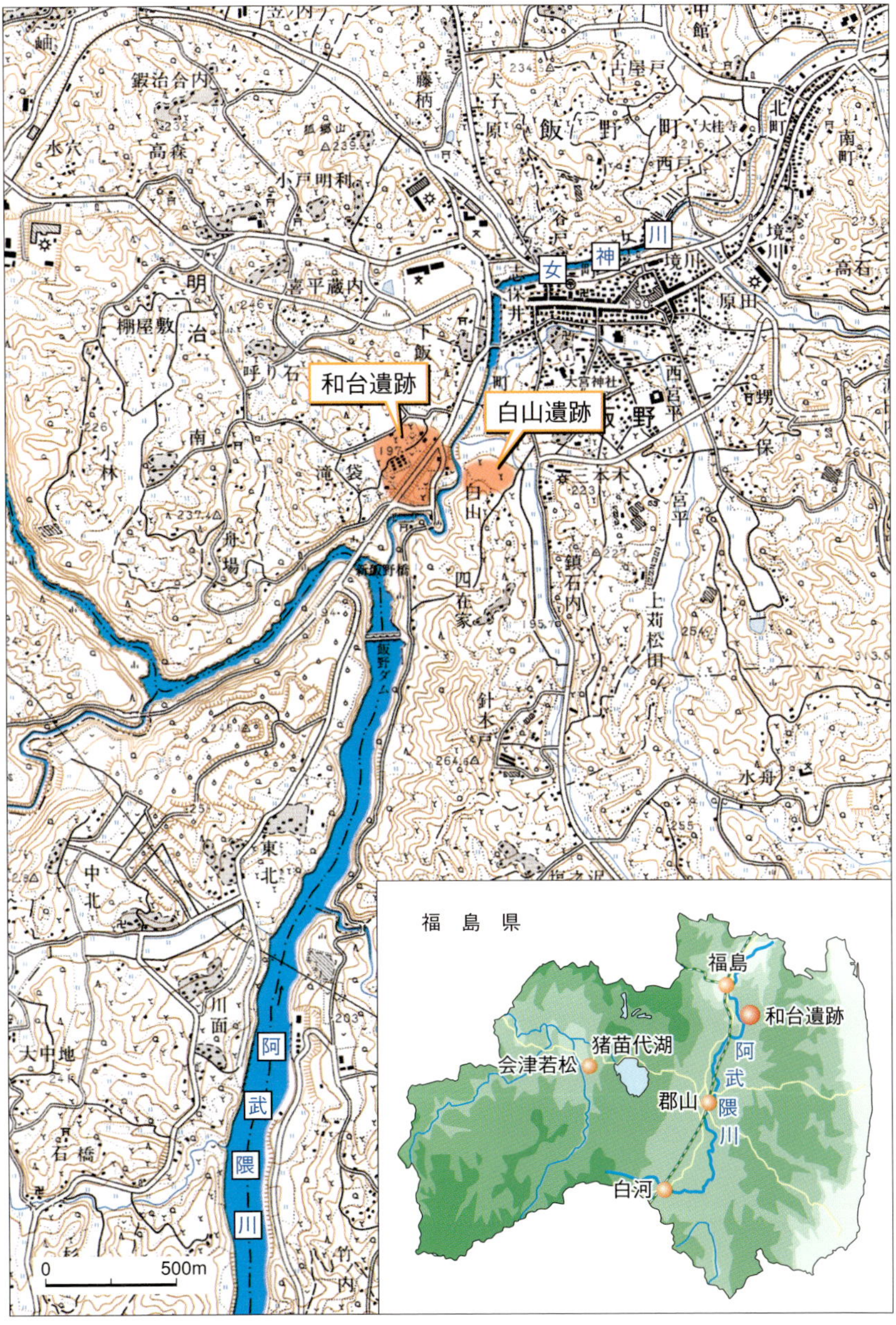

図 11 ● 和台遺跡の所在地
和台遺跡は福島県の北部、福島市内にある。舌状台地の先端部で、阿武隈川の河床から 25ｍほど高い。

中通り地方を北に貫流する阿武隈川《あぶくま》が、福島市のある福島盆地の南東部の中山間部で「レ」の字状に屈曲する地点、標高一九五メートルの舌状《ぜつじょう》台地の先端部だ（図12）。

一九九六年、阿武隈川にかかる新飯野橋につながる県道の改良工事により発見された。すぐに本格的な発掘調査期間の見込みを算出するための試掘調査がおこなわれた。工事対象面積一万五〇〇〇平方メートルに対して、約七〇〇〇平方メートルの調査だった。

試掘調査では、約三〇棟の竪穴住居跡があることが推定された。この三〇棟という数字は、発掘調査をする担当者にとっては「比較的多い」数といえるかもしれないが、福島県内の縄文時代の集落としては通常の規模の遺跡であろうと推測された。

そこで当初は、一年間の予定で本発掘調査が始まった。しかし、全体の調査を進めるうちに、想定外の巨大な縄文のムラであることが明らかとなっていった（図13）。

初年度の時点で、住居跡は一〇〇棟を超えていた。一棟の竪穴住居の調査が終わると、その下からまた竪穴住居が出てくるというように、つぎつぎに住居跡が重なって出てくる。そして、最終的には発掘調査三年、整理作業三年という大規模調査となり、発見された竪穴住居の数は約一九〇棟にのぼった。そのなかで、先述したような人体文土器や狩猟文土器が発見されたのである。さらに二〇〇〇年度から〇二年度にかけて、遺跡の範囲を確認するための調査が継続しておこなわれ、合計約二三八棟の竪穴住居跡が見つかっている。

私が飯野町に就職し、和台遺跡の発掘調査に携わるようになったのは二〇〇一年度からで、台地上の約八〇地点を試し掘りし、ようやく遺跡の全体像が明らかになってきた。

図 12 ● **和台遺跡の航空写真**
右上の「レ」の字状に見えるのが阿武隈川、中央部が発掘調査区。その左側には女神川が流れる。和台縄文人は二つの川の間の高台に集落を営んだ。

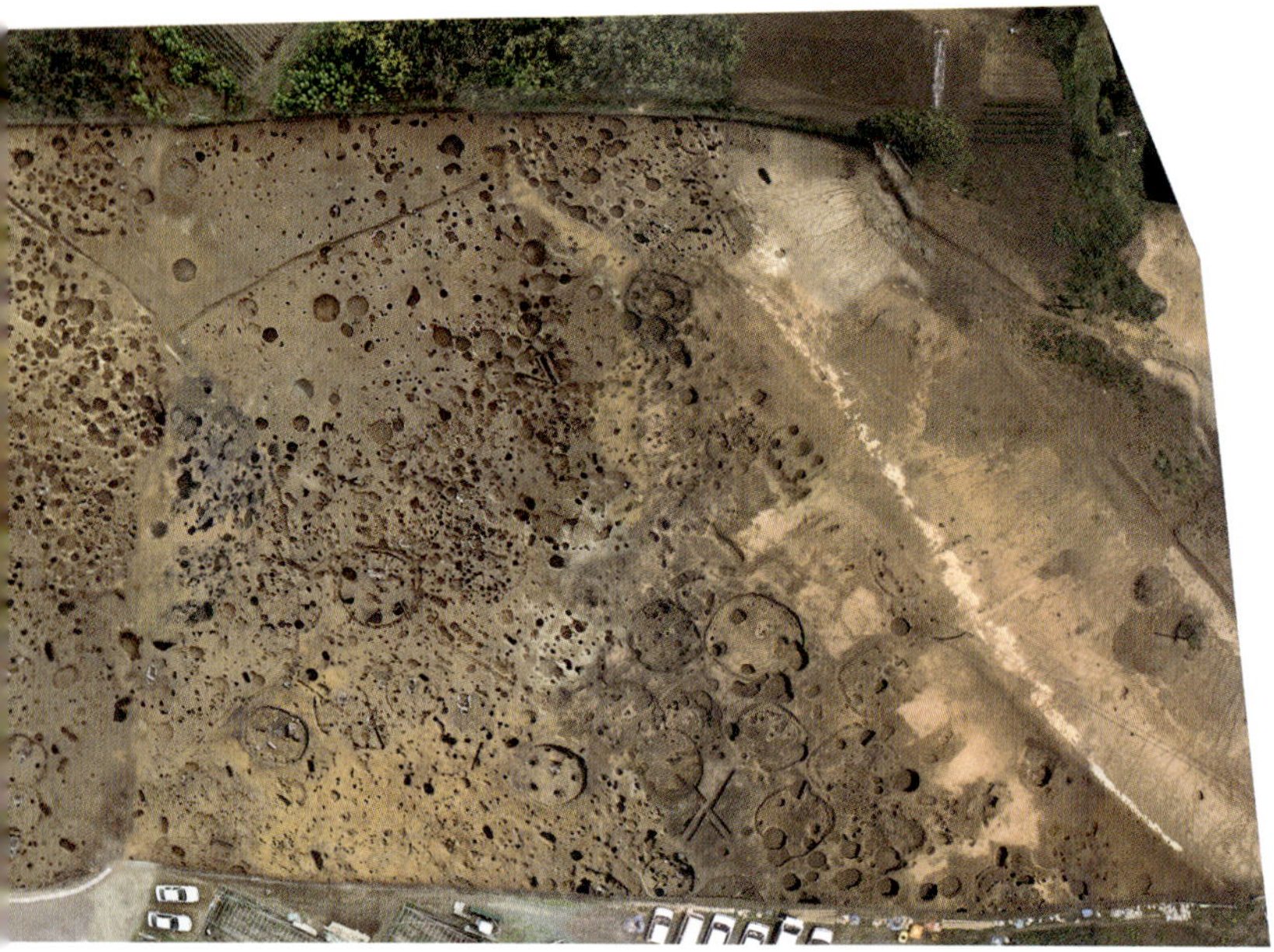

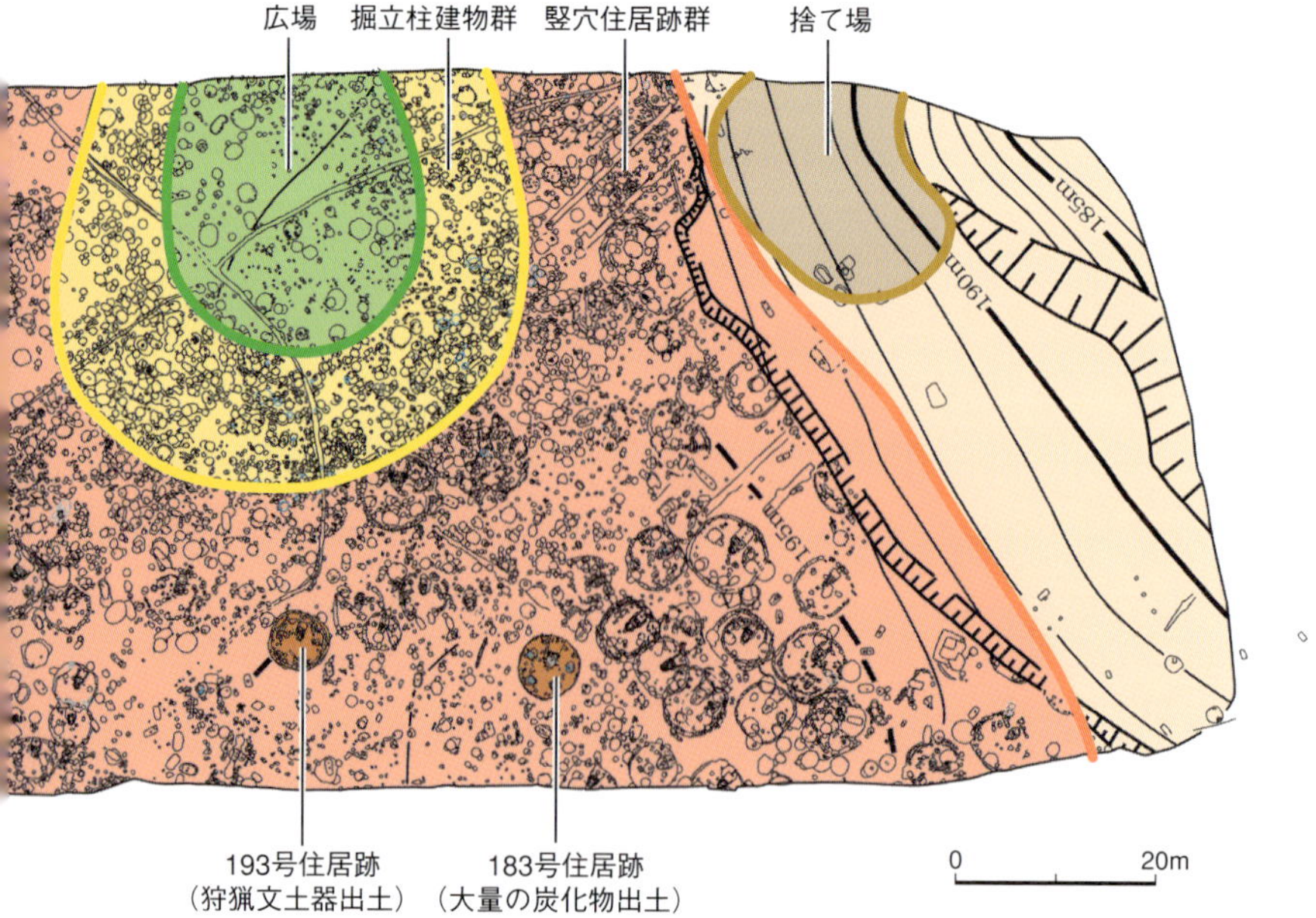
広場
掘立柱建物群
竪穴住居跡群
捨て場
185m
190m
195m
193号住居跡
（狩猟文土器出土）
183号住居跡
（大量の炭化物出土）
0
20m

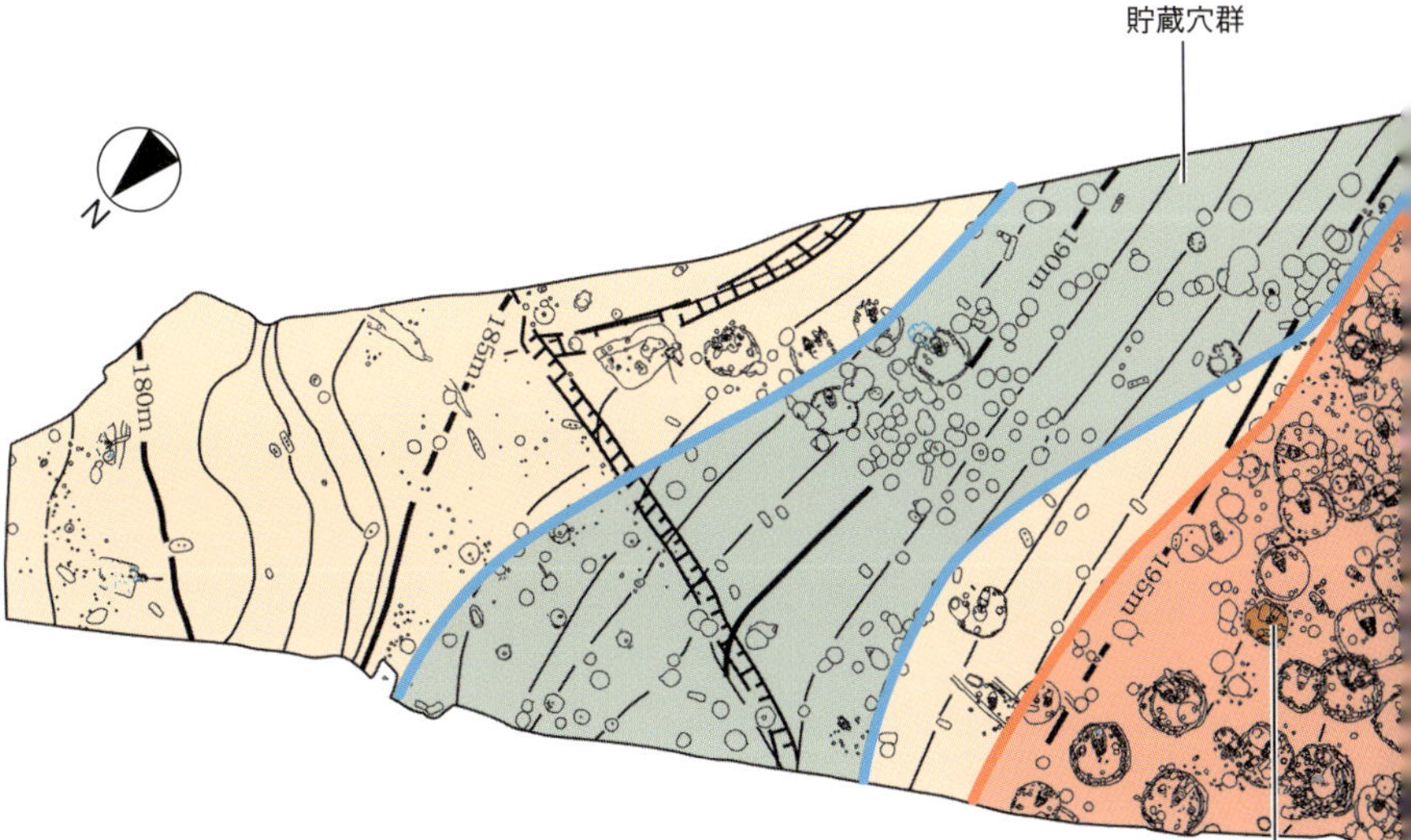

図 13 ● 和台遺跡の発掘調査

福島県の最多記録更新

現時点で、遺跡全体の面積（六万五〇〇〇平方メートル）のうち、調査面積は一万九〇〇〇平方メートル、つまり遺跡全体の三分の一程度である。今後の調査によりさらに竪穴住居跡が発見されることを考えれば、単純計算はできないが、最終的には竪穴住居跡は四〇〇棟に迫るのではないかと推測している。

和台遺跡の調査以前、福島県の縄文時代の遺跡で最多の住居跡は、磐梯町《ばんだい》と猪苗代町《いなわしろ》の境にある法正尻《ほうしょうじり》遺跡の約一三〇棟であった。この遺跡は、磐越《ばんえつ》自動車道という太平洋と日本海を結ぶ高速道路の建設によって発見された遺跡である。一般的に大規模遺跡は、高速道路、鉄道、ダム、発電所、河川改修などの長期的な計画にもとづく大規模な開発にともなって発掘されることが多く、和台遺跡のように単発的な道路の改良工事で発掘されることはまれである。

和台遺跡の概要や性格については第三章で検討するが、和台遺跡は遺跡としての重要性が高いことが認められ、二〇〇六年七月に国史跡に指定された。

第2章　「複式炉」の究明

1　白山遺跡と後藤守一

和台遺跡と白山遺跡

第1章で紹介したように、人体文土器は複式炉の埋設土器として発見された。複式炉とは、土器を埋めた炉と石組の炉、そして前庭部《ぜんていぶ》とよばれる三つの構造からなる炉の形態をさし、福島県の縄文中期に特徴的な炉である。本章では、この和台遺跡を理解するうえでも重要な意味をもつ複式炉の研究史とその機能についてみていこう。

「複式炉」という名前がつく契機となったのは、和台遺跡と同じ飯野町にある白山《はくさん》遺跡である（図14）。白山遺跡は、和台遺跡のある阿武隈川が「レ」の字に屈曲する箇所から、北方へ枝分かれして流れる女神《めがみ》川の川岸にある。和台遺跡とは直線距離で二〇〇メートルの近さだ（図11参照）。

二つの遺跡は同時期（縄文中期末葉）に存在しており、縄文人は日常的に川の両岸を行き来していたことは想像に難くない。川をはさんでいるために、和台遺跡と白山遺跡というそれぞれ別の名前がついているが、縄文時代の本来の生活を考えれば二つの遺跡は共同して日常生活を送っていたと考えてよいだろう。

開墾畑での発見と第一次調査

和台遺跡の兄弟遺跡ともいえる白山遺跡が発掘調査・保存されたのは、地元住民・研究者と中央の考古学者の努力による。発端はいまから五〇年ほど前、一九五七年の四月三日朝のことであった。

飯野町白山の農家、大内力哉《りきや》と雅勝《よしかつ》親子は、その日も畑の開墾をしていた。当時はまだ、戦後の食糧増産のため、田畑の開墾が盛んに進められていた。すると畑から土器の口縁部が顔を出した。

「なんだい土器が出てきたぞい。こんどはこの前とちっと違うんでねえかい？」

親子はこんな会話を交わした。力哉は文化財や考古学にも造詣があり、その二年前に平安時代の住居を発掘したばかりであった（現・躑躅山《つつじやま》遺跡）。

すぐさま大内は地元の郷土史研究家である鈴木俊夫《としお》に電話を入れ、町内の有志数名と発掘を始めた。二時間もすると、二つの土器と石囲いの炉が姿をあらわした。炉としては規模が大きく、土器には少しも破損がない。そこで、昼すぎに福島県教育委員会社会教育課の梅宮茂《うめみやしげる》に指

図 14 ● 白山遺跡の復原住居
現在の復原住居は 2 代目。30 年に一度は全体の改修、建て替えが必要な計算だ。また約 10 年に一度は屋根の葺き替えを要する。

導を仰いだ。梅宮は「重要な遺跡と思われるので、土をかぶせ現況を保存するように」と指示を出し、さっそく正規の発掘届の準備を進めた。

しかし、その夜のうちに、土器に金が入っていたとの噂が町内に流れ、土器の一部が破損されてしまった。また、つぎの日には早朝から住民が大挙して押しかけ、現況を保つのが困難になったため、緊急調査を実施することになった。

四月四日から五日にかけての調査により、竪穴住居跡は直径約六メートルの円形で、六本の柱をもつことがわかった。時期は縄文中期であることが確認できたが、住居跡の床面にはそれまで見たことのない不思議な炉跡があった。それは、二つの火壺（縄文土器）を埋め込んで、石組みの炉をもつ特異な形をした炉だった（図15下）。

当時の考古学界では、東北地方においても関東地方においても、縄文中期の竪穴住居跡は円形をしており、四〜一〇個程度の河原石を囲んで炉とした石囲炉《いしがこいろ》をもつものが多いという認識であった。しかし、白山遺跡の例は石囲炉に接して二個の縄文土器が並列に埋められていた。当時、このような炉は白山遺跡だけだった。

後藤守一の来訪と地元の盛り上がり

大内をはじめとする地元の人びとは、この遺跡を郷土の貴重な文化遺産とみて、末永く保存することにし、復原家屋を建てることにした。問題はだれに設計を依頼するかである。「大学教授に調査、設計を依頼すれば、多くの費用が必要だ」との声もあがったが、その一方で盛り

図 15 ● 発掘当時の白山遺跡周辺の様子と竪穴住居跡
上：1959 年の様子。復原住居と左側の木の位置はそのまま。
下：中央が「複式炉」命名のきっかけとなった炉。

上がりをみせる地元では、「できるかぎり著名な考古学者に設計をしてもらいたい」という切なる希望もあった。

そして、梅宮が親交を深めていた考古学者のなかで、当時の考古学界の重鎮、明治大学の後藤守一《ごとうしゅいち》に現地調査と復原家屋の設計図作成を依頼することになったのである。

後藤守一の専門分野は古墳時代である。古墳時代研究者である後藤が、縄文時代の遺跡の発掘を現地視察することになった理由は、たびたび福島県の古墳の現地視察や遺物を実見していたことにある。また、古代の住居跡に関心をもち、「上古の住居」（『人類学先史学講座』一五～一七巻、一九四〇年）という優れた論考をまとめたこともある後藤としては、「東北地方の縄文中期末の竪穴住居跡、特に特異な炉をもち殆ど完全な姿で発掘された珍しい遺跡であるから是非見てみたい」との希望があった。

白山遺跡の発見から七カ月後の一一月二四日、後藤が白山遺跡を訪れる機会がやってきた。上野駅発九時〇〇分の急行「あおば」は一四時〇三分に福島駅に到着した。そこから車に乗り換え、一五時ごろ飯野町に到着し、車からは口ひげと優しい口元が印象的な紳士が降り立った。

地元では町をあげて後藤の来訪を歓迎し、来訪を含めた白山遺跡の記録映画が作成された。記録映画はモノクロの八ミリフィルムで、映像には活動弁士による解説が加えられている。フィルムには、トレードマークともいえる帽子姿にステッキをもつ後藤が白山遺跡を訪れ、現場で指示を出す様子、色紙に「考古」の文字を揮毫《きごう》する様子などが記録されている（図16）。ちなみに後藤はこの三年後、一九六〇年の八月にこの世を去る。この記録映画は晩年の後藤守一の姿と発掘調査の様子などを克明に記録しており、非常に貴重な資料といえる。

後藤守一による第二次調査

さて、到着当日は、旅の疲れも考慮して講演会と座談会だけを予定していたが、後藤の「まだ陽も高く宿舎に入るには早いから発掘を進めてほしい」との一言で、一同はにわかに活気づいた。一行は行列をなして、大内宅から遺跡までの数百メートルの道のりを意気揚々と歩いていった。日没まで時間は少ないが、精を出してスコップを振るった。

すると後藤が「驚きましたね。あの人の容《よう》

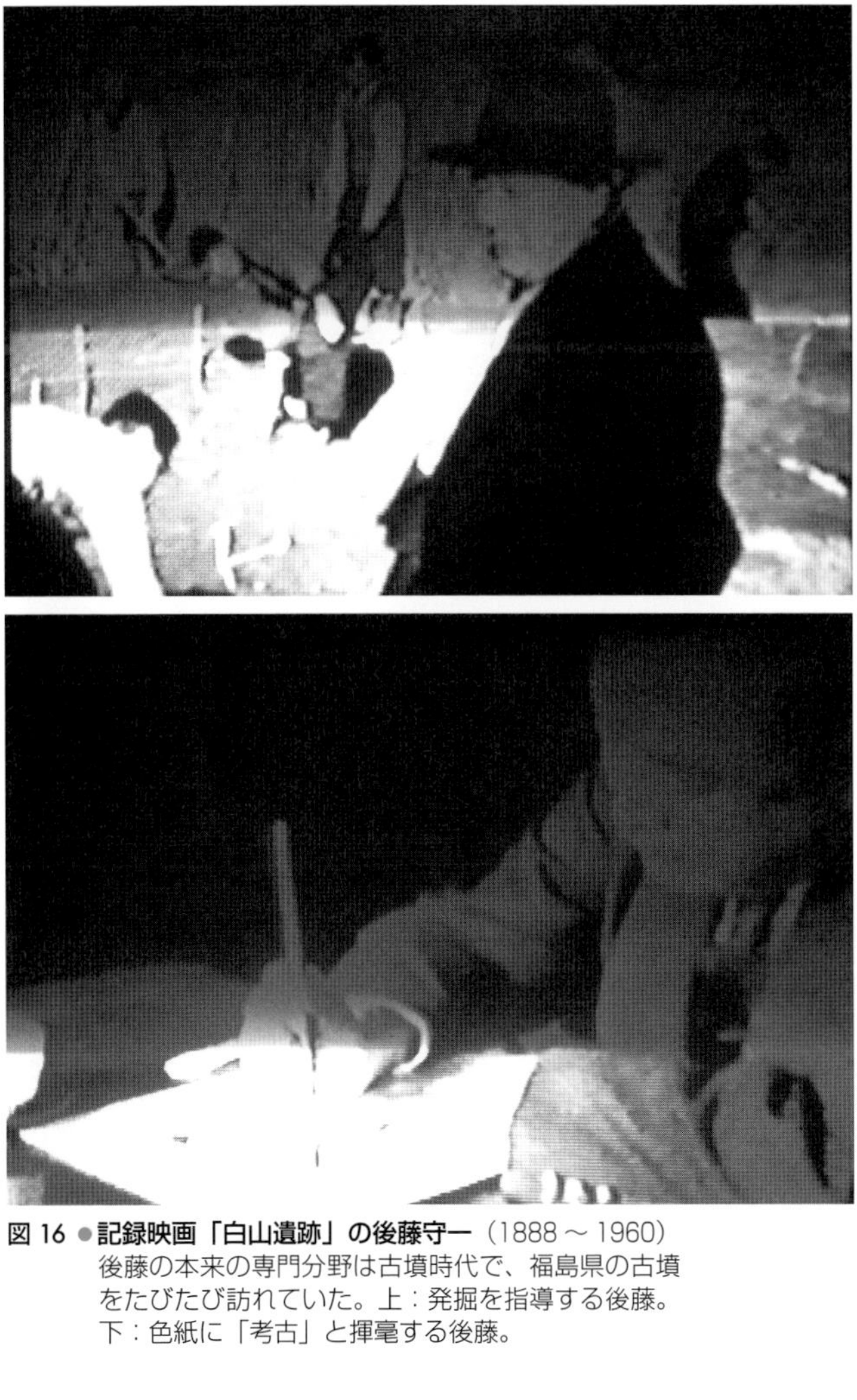

図16 ● 記録映画「白山遺跡」の後藤守一（1888〜1960）
後藤の本来の専門分野は古墳時代で、福島県の古墳をたびたび訪れていた。上：発掘を指導する後藤。下：色紙に「考古」と揮毫する後藤。

図 17 ● 白山遺跡の発掘調査風景
上：復原作業。町内の生徒も参加した。
下：最前列左から 3 番目が後藤守一。

図 18 ● 発掘された複式炉と埋設土器の計測
上：複式炉（全長 1.6m、幅 1.1m）。右の 2 つが縄文土器（右が火壺 A、左が火壺 B）。
下：出土した火壺 A を計測する梅宮茂。

貌《ぼう》なんか、きっとここの住居跡に住んでいた人間にそっくりでしょう」と感に堪えぬ面持ちで周囲の人にささやいた。

ささやかれた人は振り向いて、後藤のほうを見ると、友だちが半裸の姿でスコップを振るっている。友だちは百姓だから筋骨隆々としていた。胸板は頑丈で胸毛が生え、眉毛は太くて目はくぼんでギョロリとしていた。背は低く、まるで縄文人の精悍《せいかん》さである。

「おいさ、いま先生から聞かされたんだが、おめえの顔は、ここらに住んでいた縄文人の顔だと言ってたぞー」と友だちをからかった。

「なんでぇ。そう褒めるなよ!」。そう友だちは謙遜《けんそん》して笑った。

しかし、この二人は、遺跡を発掘したり、土運びしたりするのも、自分たちの遠い遠い祖先たちへの敬慕であり、感謝を掲げることにほかならないということを理解していたのである。

二日目は、昨日に引きつづき周溝内外の発掘をおこない、住居跡の全形が姿をあらわした(図17・18)。「これは二重の周溝《しゅうこう》をもち、南東部に出入り口をつけた竪穴住居である」との後藤の指導にもとづいて、住居跡の実測図《じっそくず》が作成された(図19)。こうして瞬く間に、後藤の二日間の現地視察は終了した。

後藤の評価は「東北地方で縄文時代の竪穴住居が出てくるのは非常に珍しいことであり、さらに、それが完全な形で残っていたこと、特異な大きな炉をもつことは非常に価値がある」というものであった。

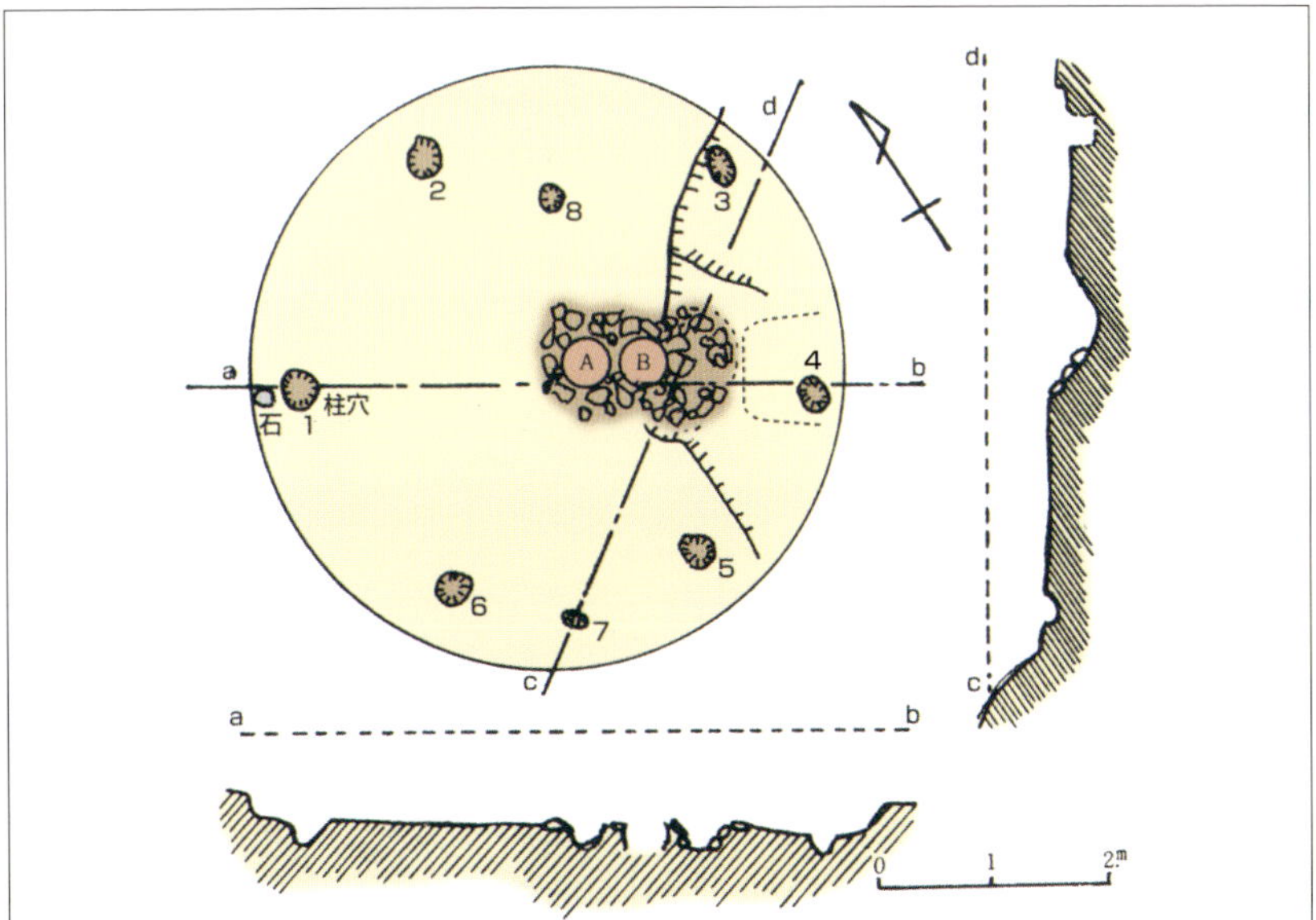

図19 ●埋設土器と複式炉のあった竪穴住居の実測図
上：左が火壺A、右が火壺B。
下：後藤の指導により作成された実測図。

復原家屋の設計図作成

その後、飯野町では一九五七年五月に、教育委員会を主体として、町内の小中学校、発掘関係者、地元住民により、遺跡保存後援会が結成された。

副会長の清野潔《せいのきよし》と会員の鈴木俊夫が後藤を訪れるために東京に向かったのは、翌五八年の三月二四日のことであった。数日前の連絡では、明治大学に来てほしいとの話であったが、急遽、場所が変更となり、杉並区阿佐ヶ谷《あさがや》の後藤の自宅を訪問することになった。開け放した八畳間の中央、庭に面した机の上に方眼紙を広げ、設計図を描いているのがこの家の主、後藤であった。

「みなさんが今日おいでになるというご連絡だったので、大急ぎで書いていたところですよ」と、温顔《おんがん》をほころばせながら筆を進め、「せっかくなので書きながら説明しましょう！」と鉛筆をとって、ていねいに話を始めた。

そして「屋根の形は円錐形で先のとがった尖頭屋根《せんとうやね》に」、「柱の両端は焼き切った方がよい」、「柱穴をセメントで固めたり、炉を合成樹脂で固めたりするのは、他の遺跡で実験中なので、今は控えたほうがよい」など細かい指導をした。そして、全国で初の試みとして「白山住居跡は日本最初のつきあげ窓を採用した復原家屋にしたい！」といい、とんがり屋根の復原住居の設計図を手渡した（図20）。

約二時間にわたる精細な説明を受け、二人は設計図を受けとった。その帰路、武蔵野郷土館の復原家屋を見学し、「わが里にも立派な復原住居を建てっぺ」と気合を入れなおし、飯野町に戻った。

復原住居の建築

一週間ほど後、地元ではその設計図にもとづいて竪穴住居の復原に着手した。復原にあたっては、発掘調査や後援会のメンバーだけでなく、地元の飯野中学校の生徒たちが材料の運搬などの作業に参加した（図17上参照）。四日間の作業により、外周径六・八メートル、内周径五メートル、高さ三・八メートルの復原住居が完成した。できるかぎり縄文時代にあった素材を使うという方針で釘や針金はなるべく使わず、柱は栗の木、垂木《たるき》などには竹を利用し、結束部分は藤つるなどの植物素材で組み立てられた（図48参照）。

そして一年後、ここは「飯野白山住居跡《あと》」として

図 20 ● 後藤守一が描いた復原住居の設計図
開閉式の出入り口のつくりが、
「つきあげ窓」とよばれた。

福島県指定の史跡となった。通常であれば、史跡の指定名称には遺跡名がそのままつけられるが、福島県第一号の復原住居であることも踏まえて「飯野白山住居跡」という指定名称がつけられた。

2 複式炉の命名

梅宮茂の報告

さて、白山遺跡のこの炉を「複式炉」と命名したのは、発掘調査の中心となった福島県教育委員会の梅宮茂であった。白山遺跡の発掘調査から約三年後の一九六〇年三月、梅宮は論文「飯野白山住居跡調査報告」(『福島県文化財調査報告書第八集』)を発表した。

このなかで梅宮は「土器を利用した火つぼと石で構成した炉が一セットとなっているものをここで複式炉と名づける」として、「複式炉」という名称を提唱した。また梅宮は手記のなかで、幼少のころ複式学級で学んだことから、複数の構造のある一つの炉を、複数の学年が一学級となる複式学級になぞらえ「複式」炉と命名した、と記している。

複式炉研究の前史

だが、複式炉の研究史を紐解いていくと、複式炉が最初に発見されたのは白山遺跡ではないことがわかる。

白山遺跡の発掘よりも八年前（一九四九年）に、二本松市の原瀬上原《はらせうわはら》遺跡で、安達《あだち》高等学校考古学班が同様の炉を発掘し、「U字型の炉」として報告している。安達高等学校考古学班は、翌年（一九五〇年）にも、二本松市の杉田《すぎた》大沢《おおさわ》遺跡を発掘し「馬てい形の炉」という名称で紹介した。

「複式炉」という名称についても、一九五一年の福島考古学会によりおこなわれた福島市の日《ひ》向《な》道内《どううち》遺跡の発掘調査において、梅宮は新聞発表の際に「複式炉」「二重の炉」という名称を使用していた。この新聞発表の「複式炉」が最初の登場であった。

また、これまで日の目を浴びることはなかったが、旧飯野町教育委員会が保存していた文書のなかにあった梅宮の二つの自筆原稿にも複式炉に関する記述がみられる。一つは、一九五七年五～七月に執筆された白山遺跡の調査報告書の草稿である。複式炉の用語こそ出てこないが、白山遺跡以外の火壺と石囲炉の併存例として日向道内遺跡があげられている。もう一つは、後藤守一の遺跡訪問後の一九五九年四月に執筆された「複式炉を有する竪穴住居跡の事例について」『第二二回考古学協会発表要旨』である。ただし、この原稿では「複式炉を有する…」と表題に掲げられているものの、本文中は複式炉の定義はされておらず、「火壺と石囲い炉の併存例として日向道内遺跡と杉田大沢遺跡」をあげている程度であった。

いずれについても、これまで研究史上に出てくることはなかったが、正式に提唱される以前にも、複式炉の研究が始められていたことがうかがわれる。

3　複式炉は何に使われたか

複式炉研究の進展

梅宮による複式炉の命名以降、調査事例は増加し、形態の異なる各種の複式炉が発見されるとともに、複式炉の定義や形態分類が進められた。

目黒吉明《めぐろよしあき》は一九六九年に、二本松市の原瀬上原遺跡の調査報告書で、複式炉は、①石をめぐらした埋設土器の部分と、②敷石《しきいし》のある石組の炉、③配石《はいせき》のない両側面にのみ石を用いた部分、の三つの部分から構成されていることを報告し、「土器埋設付石組複式炉」と呼称した。

また丹羽茂《にわしげる》は一九七一年の論文のなかで、埋設土器をともなう複式炉を「上原《うわはら》型土器埋設複式炉」とよび、その分布は東北南部が中心となること、時期的には大木9式から大木10式にかけて存続することを指摘した。複式炉の祖形となる石囲炉についても提示している。

同年、梅宮茂は田地ヶ岡《でんちがおか》遺跡の報告で、目黒の指摘した③を前庭部と呼称し、「複式炉の基本形態は、埋甕炉と石組炉および前庭部の三つの構造がセットになって構成されている」とした。

その後も複式炉の分類と変遷にかかわる研究が進められ、複式炉の分布圏や存続期間、祖形となる炉などについての研究が提示された。現在では、複式炉の祖形となる単式の石囲炉に前庭部がつく炉の形態が東北北部（青森県、岩手県）、北陸地方で増加しており、研究者によりさまざまな名称で定義されている。

福島県内の複式炉の特徴

福島県内の複式炉の特徴は、「土器埋設部＋石組部＋前庭部」の三つの構造をもつ典型的かつ定型的な複式炉が完成形態となっていること（図21）、また典型的な複式炉をもつ竪穴住居跡や集落遺跡が数多く見つかっていることである。

そのため、白山遺跡での命名以来、「土器埋設部＋石組部＋前庭部」の三つの構造をもつ炉を複式炉と定義づける研究が一般的である。

ちなみに梅宮が複式炉と命名した一九六〇年時点で、複式炉の事例は四遺跡四例だったが、その後、一九九〇年の押山雄三《おしやまゆうぞう》の集成によると四四遺跡三八三例、そして二〇〇五年の日本考古学協会福島大会の開催にあたり、福島県内の各埋蔵文化財担当者が資料を集成したところ、福島県内だけ

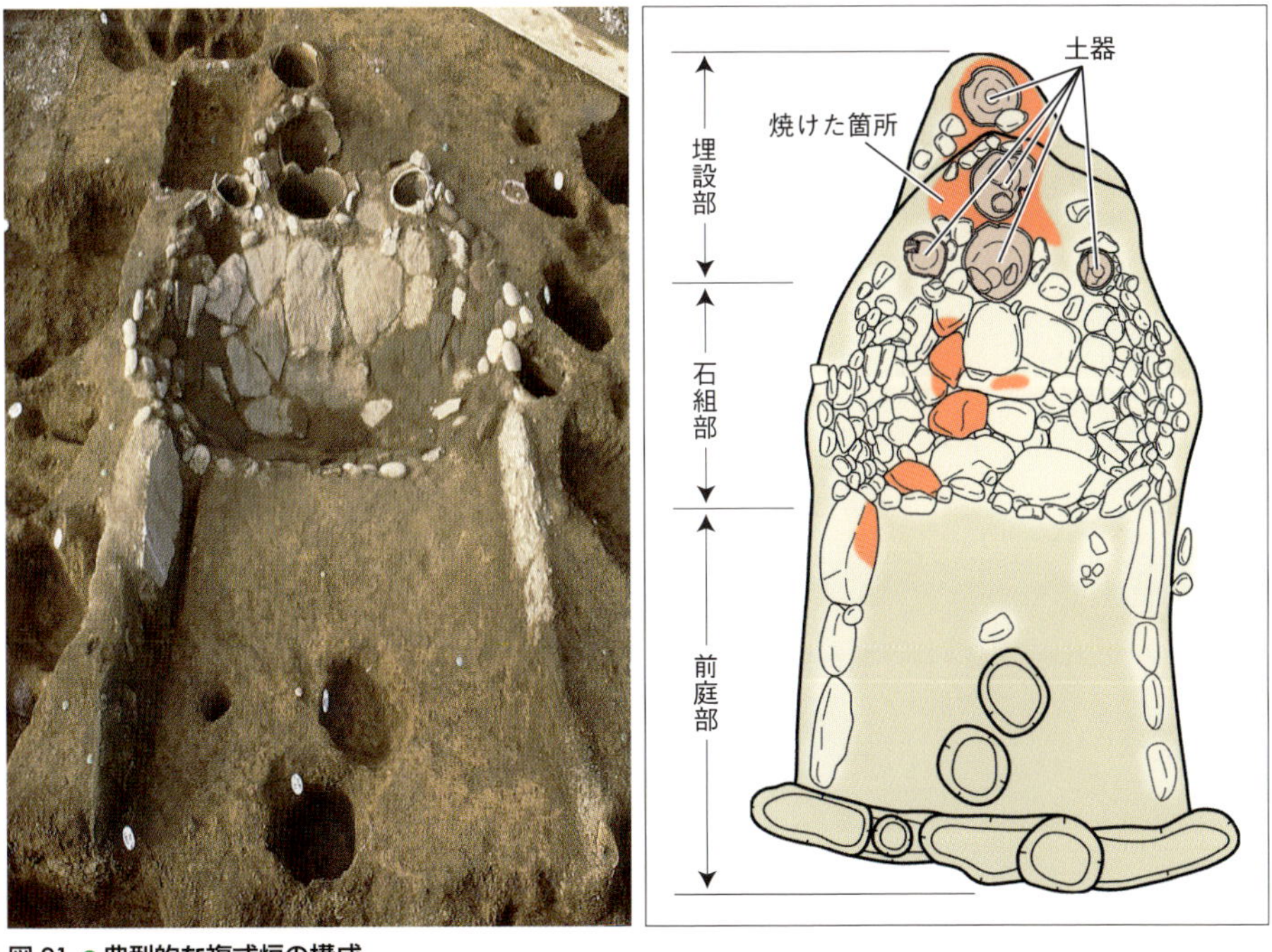

図21 ● **典型的な複式炉の構成**
土器埋設部と石組部で火を使用した。土器の周囲の土は赤く焼け、石は熱により赤く変色している。前庭部は作業場と考えられているが、そのほかにもさまざまな説がある。

で約三〇〇〇棟の複式炉をもつ竪穴住居跡があることがわかった。

複式炉は何に使われたのか

これだけ発見例が増えた現在でも、複式炉の機能・用途について明確な答えは得られていない。土器埋設部と石組部では火を焚き、前庭部では火を使用しないという点では一致しているが、各部分の機能にはさまざまな説があり、複合的な機能・使途をもっていた可能性が高いとの指摘がある。

土器埋設部については、火種保存施設、アク抜きに用いる灰の一時保存施設、石組部で薪を燃やしてできたオキ（炭のような状態の薪）を移して焼き肉、蒸し焼きをした施設、堅果類を主原料とするパン状加工物の調理施設といった諸説がある。

石組部については、日常的に火を使用していたことがわかっているので、食料の煮炊きを中心として、灰やオキの生産施設とする諸説がある。

前庭部については、薪の差し込み口、石組部への送風機能、儀礼の場、出入り口などの説がある。

炉以外の施設

竪穴住居跡には、複式炉以外の構造物をもつものもある。入口については、複式炉とは別の箇所が入口となる考え方と複式炉の前庭部が入口となる考え方の二つの説があるが、決着をみていないのが現状である。

竪穴住居跡の奥壁側に段差をつけたベッド状の遺構が認められる住居もある。これらについては、祭壇、ベッドなどと推定されているが、住居跡の内部を空間的に区切るという意識のあらわれであろう。また、住居跡内からの石棒の出土例もあり、男性の性器を模した石棒を屋内で祀《まつ》るという風習が認められている。

そのほかには、住居の床面に埋甕《うめがめ》を設置している住居もある。住居内の埋甕については、土器を棺とした埋葬施設、土器を容器とした貯蔵施設などが考えられる。

竪穴住居跡の中二階をロフト状に復原している例もある。福島県文化財センター白河館（通称まほろん）では、夏季と冬季に、復原した竪穴住居の複式炉を用いた燃焼実験をおこなった（図22）。

午前一〇時に複式炉で燃料に点火し、一七時に消化するまでの七時間火を焚いた。点火の約一時間半後には、竪穴住居内の中二階の温度は三五〜四〇度に達し、煙の上昇とも相まって、人間が生活するのに適した状況とは到底言い難いとの実験結果が得られている。

図22 ● 複式炉の燃焼実験
福島県文化財センター白河館（まほろん）での実験で、
石組部を使い、７時間で約100kgの薪を燃やした。

第3章　和台縄文人の大集落

1　和台縄文ムラの構成

いままでに和台遺跡からは、竪穴住居跡二三八棟、掘立柱建物跡《ほったてばしらたてものあと》二四棟、埋甕一二一基、土坑《どこう》約二六五〇基が見つかっている。それ以外にも多数のピット、捨て場六カ所、それに遺構ではないが粘土層一カ所が発掘されている。これら舌状台地全体に広がる遺構群の発掘によって、集落の様子や縄文人がどのように空間を利用していたのかが解明されている（図23）。

台地の中央部には直径約二五メートルの広場があり、この中央広場をかこむ直径約六〇メートルのドーナツ状の範囲に掘立柱建物跡がめぐっている。さらに、その外側を台地の縁に沿って竪穴住居跡群がとりかこみ、馬蹄形《ばていけい》に近い環状《かんじょう》集落となっている。また、住居群の外側の斜面には貯蔵穴《ちょぞうけつ》群や落とし穴が列をなして広がり、縄文人が計画的に集落をつくっていったことがわかっている。

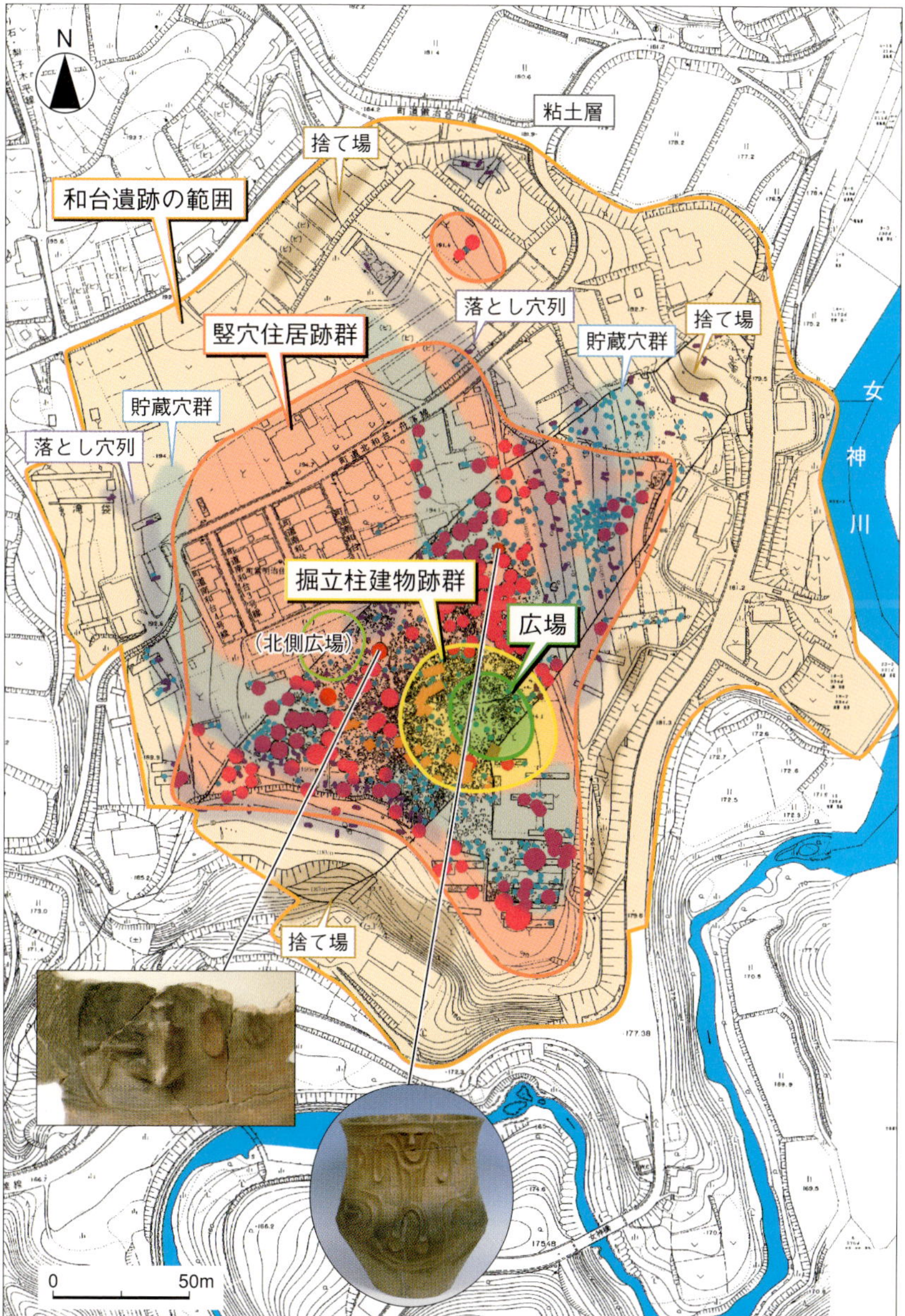

図23 ● **和台縄文ムラの様子**
広場をかこむように掘立柱建物群、その外側には竪穴住居群が広がる馬蹄形集落。貯蔵穴群はゆるやかな斜面部に、落とし穴はやや急斜面というような規則性、計画性がある。

東北地方では、縄文中期後葉から末葉の集落は環状の形をとることが多いが、中央広場を中心として、内帯《ないたい》に掘立柱建物跡、外帯《がいたい》に竪穴住居跡群が広がる「二重の重帯《じゅうたい》構造」になっているのは非常にめずらしい。

ただし、掘立柱建物跡が周囲をかこむ「南側広場」だけでなく、北西部にも広場状の空間（「北側広場」）が認められ、いまのところ、和台遺跡の集落構成は、①南側広場を中心に二重の重帯構造をとるとする考え方と、②「南側広場」と「北側広場」のふたつの広場をかこむ集落であるという考え方がある。また和台遺跡では、縄文人が生活するうえで欠かせない水場《みずば》遺構、成人用の墓域《ぼいき》、土器の原料となる粘土採掘坑《さいくつこう》などが見つかっていないため、集落の全容を解明するのは今後の課題となっている。

以下、集落を構成する各遺構についてみていこう。

2　ムラのいろいろな施設

同時に存在した竪穴住居は何棟？

二三〇棟を超える竪穴住居跡は、福島県の縄文中期の遺跡としては最多である。そして、それらがつくられた時期が、竪穴住居跡から出土した土器の型式でみると、複式炉の繁栄した大木9式と大木10式とよばれる時期に限定される。この時期を「複式炉期」とよんでいる。

しかも竪穴住居跡の密集度が非常に高いのが和台遺跡の特徴だ。考古学的には、これほどたくさんの竪穴住居跡が土器型式で二型式の期間に収まってしまうというのは非常に特異で、それだけ集落の営みが短期集中的であったといえる。

もう少しくわしくみていこう。竪穴住居跡は大木８ｂ式、大木９式、大木10式、綱取《つなとり》式という四つの土器型式の時期に収まるものがほとんどで（図24・25）、それは複式炉の出現期、繁栄期、衰退期という変遷過程に相当する。

さらに、大木９式を二細別、大木10式を四細別し、細別時期ごとの竪穴住居跡の数を検討すると、

大木８ｂ式	一棟
大木９式前半	三棟
大木９式後半	二八棟
大木10式前半Ⅰ期	三三棟
大木10式前半Ⅱ期	二八棟
大木10式後半Ⅰ期	二九棟
大木10式後半Ⅱ期	三棟
後期初頭	三棟

（大木９式前半〜大木10式後半Ⅱ期）＝複式炉期

という変遷をたどっていることがわかる。つまり、最盛期には三〇棟前後の住居跡があったことになり、その最盛期が一定程度の期間は継続していたことがわかる。

ただし、一つの細別型式のなかで住居跡が重複していたり、同時に並存していたとするには

近すぎる住居跡も数多くあることから、右記の棟数は、当時の棟数を正確に示した数とはいえない。また、住居の拡張や柱穴、炉のつくり替えなどの建て替えを考慮すると、住居跡の数は約五〇棟増加し二八〇棟を超えるだけでなく、未発掘部分にも多数の住居跡の存在が予想されるが、その数は含まれていない。

小林謙一は、同時期住居を把握する際の問題点として、①同一型式としている時期に数多くの重複住居が存在することから、土器型式の時間幅よりも住居の改築年数のほうが短い、②住居の改築・建て替えなどにより、見かけ以上の存続期間をもつ住居の数が無視されている、③埋設土器を時期決定に用いる場合も、住居跡と埋設土器との時間的関係が矛盾する例が存在す

	土器形式	遺構	土器
草創期	隆起線文		×
	爪形文		×
	表裏縄文		×
早　期	撚糸文		×
	沈線文		◎
	条痕文		◎
前　期	大木1式		○
	大木2a式		◎
	大木2b式		◎
	大木3式		△
	大木4式		△
	大木5式		△
	大木6式		△
中　期	大木7a式		◎
	大木7b式		◎
	大木8a式		◎
	大木8b式		◎
	大木9式		◎
	大木10式		◎
後　期	綱取式		◎
	堀之内式		○
	加曽利B式		△
	新地式		×
晩　期	大洞B式		×
	大洞BC式		×
	大洞C1式		×
	大洞C2式		×
	大洞A式		△
	大洞A'式		×

図 24 ● 和台遺跡の存続期間

複式炉期だけでなく、縄文早期中葉や前期前葉などに断続的に人が生活していたことがわかっている。

「遺構」: 太線＝住居、細線＝住居以外の遺構。

「土器」: ◎＝多い、○＝あり、△＝少ない、×＝なし。

シリーズ「遺跡を学ぶ」

A5判96頁オールカラー
各1500円＋税

◎第Ⅰ期［全31冊］

セット函入46500円＋税

01 北辺の海の民・モヨロ貝塚　米村　衛
02 天下布武の城・安土城　木戸雅寿
03 古墳時代の地域社会復元・三ツ寺Ⅰ遺跡　若狭　徹
04 原始集落を掘る・尖石遺跡　勅使河原　彰
05 世界をリードした磁器窯・肥前窯　大橋康二
06 五千年におよぶムラ・平出遺跡　小林康男
07 豊饒の海の縄文文化・曽畑貝塚　木﨑康弘
08 未盗掘石室の発見・雪野山古墳　佐々木憲一
09 氷河期を生き抜いた狩人・矢出川遺跡　堤　隆
10 描かれた黄泉の世界・王塚古墳　柳沢一男
11 江戸のミクロコスモス・加賀藩江戸屋敷　追川吉生
12 北の黒曜石の道・白滝遺跡群　木村英明
13 古代祭祀とシルクロードの終着地・沖ノ島　弓場紀知
14 黒潮を渡った黒曜石・見高段間遺跡　池谷信之
15 縄文のイエとムラの風景・御所野遺跡　高田和徳
16 鉄剣銘一一五文字の謎に迫る・埼玉古墳群　高橋一夫
17 石にこめた縄文人の祈り・大湯環状列石　秋元信夫
18 土器製塩の島・喜兵衛島製塩遺跡と古墳　近藤義郎
19 縄文の社会構造をのぞく・姥山貝塚　堀越正行
20 大仏造立の都・紫香楽宮　小笠原好彦
21 律令国家の対蝦夷政策・相馬の製鉄遺跡群　飯村　均

充則 著

古地域史論

の遺跡・遺物から歴史を描く

N978-4-7877-0315-6

落葉広葉樹林が与える植物性食物の利用によって八ヶ岳山麓に栄えた「井戸尻文化」、海の幸を媒介として広大な関東南部の土地を開拓し生みだされた「貝塚文化」等の叙述をとおして、今後の考古学の可能性を追究する。

四六判上製／288頁／2500円＋税

沢充則 著

考古学のこころ

SBN978-4-7877-0304-0

旧石器発掘捏造事件の真相究明に尽力した著者がその経過と心情を語り、自らの旧石器研究を検証するとともに、学問の道を導いてくれた先人達の考古学への情熱と研究を振り返り、考古学のこころの復権を熱く訴える。

四六判上製／240頁／1700円＋税

戸沢充則 著

歴史遺産を未来へ残す

信州・考古学の旅

ISBN978-4-7877-0514-3

高度経済成長のもと“開発”のために多くの遺跡が姿を消し、その事前調査にかりだされた考古学は、学問としての存立基盤を見失いつつある。信州の歴史遺産の危機と未来へ残す試みを紹介し、学問の確立を訴える。

四六判上製／296頁／2500円＋税

戸沢充則 著

語りかける縄文人

ISBN978-4-7877-0709-3

太古の歴史と考古学はいま、大きな曲がり角に来ている。縄文文化が喧伝される一方で教科書から縄文時代が消えている。こうした状況を“縄文人は怒ってる”として、縄文文化の意味を問い直した近年の講演11本を収録。

A5判／224頁／1800円＋税

戸沢充則 編著

縄文人の時代 増補

ISBN978-4-7877-0202-9

相次ぐ大型縄文遺構の発見で見直されてきた縄文社会の姿を、発掘研究の第一線で活躍する研究者が明らかにする。縄文人の環境問題／縄文人の資源獲得／縄文人の集落関係／縄文人の社会交流／縄文人の生と死ほか。

A5判／296頁／2500円＋税

諏訪考古学研究会 編集・発行

人間探究の考古学者

藤森栄一を読む

ISBN978-4-7877-0607-2

懸命に生き抜いた古代人の、ひたすらな生活を探究する学問へ、そして人生の灯となる学問を目指し、実践した藤森考古学を今によみがえらせる。藤森門下生が、藤森栄一の険しき道を歩んだ生涯と全著作を詳細に解説。

A5判／312頁／2500円＋税

片岡正人 著

現場取材、信濃の古代遺跡は語る

ISBN978-4-7877-9610-3

信濃は縄文中期に最盛期を迎えさまざまな文化を開花させた遺跡の宝庫である。発掘に携わった人々や研究者を訪ねてインタビューし、記者ならではの自由な発想と解釈で紹介。ガイドブックとしても最適。

A5判／256頁／2500円＋税

織笠 昭 著

石器文化の研究

先土器時代のナイフ形石器・尖頭器・細石器

ISBN978-4-7877-0513-6

石器自体の形態型式を厳密に追究し、石器をして石器文化、先土器時代人の文化をとらえる研究に専念しながら、2003年に早逝した著者の主要論攷を網羅。旧石器発掘捏造事件以後の石器研究に欠かせない基本図書である。

B5判上製／516頁／12000円＋税

池谷信之 著

黒曜石考古学

09年2月刊行予定

第Ⅰ章　黒曜石考古学の構想と基礎的方法／第Ⅱ章　黒曜石利用の歴史1—旧石器時代／第Ⅲ章　黒曜石利用の歴史2—縄文時代〜弥生時代／第Ⅳ章　黒曜石考古学の確立に向けて

B5判上製／280頁／予価8000円＋税

戸沢充則 編

月見野遺跡群の調査と研究

09年3月刊行予定

発掘調査から40周年を迎える月見野遺跡群。当時少部数印刷された幻の速報「概報・月見野遺跡群」を冒頭に、月見野遺跡群と出土遺物の写真、その成果をもとにした研究論文群を一冊にまとめる。

B5判上製／280頁／予価8000円＋税

追川吉生 著

江戸城・大名屋敷

江戸のなりたち[1]

ISBN978-4-7877-0618-8

地下に眠る江戸の痕跡から、江戸という都市のなりたちを探訪する。発掘でわかった本当の江戸の姿を多数のカラー写真・図版で紹介。〔目次〕Ⅰ江戸城探訪　Ⅱ外堀探訪　Ⅲ大名屋敷探訪　Ⅳ大名庭園探訪

A5判／192頁／1800円＋税

追川吉生 著

武家屋敷・町屋

江戸のなりたち[2]

ISBN978-4-7877-0713-0

都心の再開発をきっかけにスタートした江戸考古学。各区で実施された発掘成果をもとに、武家屋敷や町屋を探訪する。〔目次〕Ⅰ旗本・御家人屋敷探訪　Ⅱ町屋探訪　Ⅲ江戸のこころ探訪　Ⅳ江戸の郊外探訪

A5判／168頁／1800円＋税

追川吉生 著

江戸のライフライン

江戸のなりたち[3]

ISBN978-4-7877-0801-4

100万人が暮らした都市・江戸も都市基盤がしっかりしていなければ砂上の楼閣だ。江戸のライフラインと災害を発掘現場から探訪。〔目次〕Ⅰ上水探訪　Ⅱ下水・トイレ探訪　Ⅲ火事・地震探訪　Ⅳ江戸の終わり探訪

A5判／168頁／1800円＋税

勅使河原彰、保江 共著

武蔵野の遺跡を歩く

都心編 ISBN978-4-7877-0215-9　郊外編 0208-1

遺跡や博物館を見学しながら散策する日曜考古学散歩ガイドブック。武蔵野に生まれ育ち、いまも自然環境保護に携わる著者が詳細な地図と豊富な写真で、身近な遺跡を紹介。江戸城・飛鳥山・谷中・深大寺・武蔵国分寺ほか。

A5判／184・176頁／各1800円＋税

十菱駿武 著

多摩の遺跡を歩く

09年3月刊行予定

東京の西多摩・南多摩から神奈川県の川崎市・横浜市北部地域の遺跡・文化遺産・博物館を散歩する12コース。〔主な遺跡等〕八王子城跡、稲荷塚古墳、東京都埋蔵文化財センター、絹の道、大塚歳勝土遺跡公園ほか

A5判／176頁／予価1800円＋税

石野博信・水野正好・西川寿勝・岡本健一・野崎清孝 著

三角縁神獣鏡・邪馬台国・倭国

ISBN978-4-7877-0607-2

しだいに見えてくる邪馬台国と倭国女王卑弥呼の姿。纒向遺跡や箸墓とのかかわりは？　女王卑弥呼の「銅鏡百枚」は、三角縁神獣鏡なのか？　約500面が見つかっている三角縁神獣鏡をとおして語られる邪馬台国の姿。

A5判／212頁／2200円＋税

西川寿勝・森田克行・鹿野塁 著

継体天皇　二つの陵墓、四つの王宮

ISBN978-4-7877-0816-8

現在の天皇家につながる最初の天皇となった継体は6世紀の初め、越前国からやってきて即位したが、すぐに大和へ入ることはできなかった。その陵墓である今城塚や周辺地域の発掘成果から謎に迫る。

A5判／244頁／2300円＋税

西川寿勝・相原嘉之・西光慎治他 著

蘇我三代と二つの飛鳥

09年3月刊行予定

「近つ飛鳥の古墳と寺院」（西川寿勝）、「蘇我三代の遺跡を掘る—邸宅・古墳・寺院」（相原嘉之）、「飛鳥の古墳、表銀座と裏銀座」（西光慎治）、「対談　蘇我氏の時代と高松塚の保存」ほか

A5判／240頁／予価2300円＋税

山田良三 著

万葉歌の歴史を歩く

よみがえる南山背の古代

ISBN978-4-7877-0606-5

古代の宮都、平城京・長岡京・平安京を結ぶ要衝の地、南山背。長年にわたりこの地の遺跡を踏査してきた著者が、いにしえの人びとの営みや景観など万葉歌の背景に見える古代人の姿をよみがえらせる。

四六判上製／264頁／2200円＋税

毛利和雄 著

世界遺産と地域再生

問われるまちづくり

ISBN978-4-7877-0812-0

『この知恵が明日への資源だ。』——大林宣彦氏推薦。世界遺産は本当に地域再生に役立つのか。石見銀山、平泉、尾道、鞆の浦など、各地の実情から世界遺産登録をめざすまちづくりと地域再生のあり方を提言する。

A5判／224頁／1800円＋税

…政権へ・豊前石塚山古墳　長嶺正秀

弥生実年代と都市論のゆくえ・池上曽根遺跡　秋山浩三

24 最古の王墓・吉武高木遺跡　常松幹雄

25 石槍革命・八風山遺跡群　須藤隆司

26 大和葛城の大古墳群・馬見古墳群　河上邦彦

27 南九州に栄えた縄文文化・上野原遺跡　新東晃一

28 泉北丘陵に広がる須恵器窯・陶邑遺跡群　中村　浩

29 東北古墳研究の原点・会津大塚山古墳　辻　秀人

30 赤城山麓の三万年前のムラ・下触牛伏遺跡　小菅将夫

別冊1 黒耀石の原産地を探る・鷹山遺跡群　黒耀石体験ミュージアム

37
小熊博史
縄文文化の起源をさぐる・小瀬ヶ沢・室谷洞窟
新潟県・阿賀野川流域の山あいにある縄文草創期の文化を物語る二つの洞窟遺跡の全貌を、中村孝三郎の探求の軌跡と共に追う。

38
川口洋平
世界航路へ誘う港市・長崎・平戸
平戸のオランダ商館跡、長崎の旧六町・出島・唐人屋敷・長崎奉行所跡などの発掘成果から、港市のダイナミックな歴史に迫る。

39
谷口一夫
武田軍団を支えた甲州金・湯之奥金山
「武田の隠し金山」伝承が語り継がれてきた山梨県身延町・下部温泉郷の山奥、そこは戦国の雄、武田軍団の代表的金山であった。

40
鈴木康之
中世瀬戸内の港町・草戸千軒町遺跡
広島県福山市を流れる芦田川の川底から姿をあらわした幻の港町は、中世の港湾集落の景観と生活する人びとの姿を甦らせた。

41
会田容弘
松島湾の縄文カレンダー・里浜貝塚
日本三景の一つ、宮城県・松島湾に臨む広大な貝塚群。その貝層の緻密な分析が、縄文人の季節ごとの生活の姿を明らかにした。

42
近藤義郎・中村常定
地域考古学の原点・月の輪古墳
戦前の神国の歴史でない、地域の本当の歴史を自分たちの手で明らかにしようとした月の輪古墳の発掘を貴重な写真を交え語る。

43
中村博司
天下統一の城・大坂城
大坂本願寺から秀吉の栄華の舞台であった大坂城、徳川将軍家の別邸として再築された大坂城—大坂城四〇〇年の歴史をたどる。

◎第Ⅱ期【全20冊】
セット函入30000円＋税

031
加藤　緑
日本考古学の原点・大森貝塚
一二〇年前、来日すぐのモースは大森停車場近くの線路際に貝塚を発見した。こうして始まる日本初の考古学的発掘を解説する。

032
前園実知雄
斑鳩に眠る二人の貴公子・藤ノ木古墳
法隆寺のすぐ近くの大円墳。千年以上の時を経て開かれた朱塗りの石棺には、豪華な副葬品とともに二人の人物が眠っていた。

033
辰巳和弘
聖なる水の祀りと古代王権・天白磐座遺跡
浜名湖へ流れる河川を見下ろす巨大な岩群れ。地域の古墳調査と地域王権の古代学的追究を交え、その祭祀者の姿を解き明かす。

034
福本　明
吉備の弥生大首長墓・楯築弥生墳丘墓
日本列島の古代史に独特の光を放つ吉備。その中心地にある大首長墓から、弥生の葬送祭祀と前方後円墳出現への道筋をさぐる。

035
清水眞一
最初の巨大古墳・箸墓古墳
三世紀最大の墳墓・箸墓古墳は、なぜ大和政権発祥の地に築かれたのか、本当に卑弥呼の墓なのか、考古学的調査から考察する。

036
河瀬正利
中国山地の縄文文化・帝釈峡遺跡群
広島県の名勝地・帝釈峡。この渓谷の洞穴・岩陰に暮らした縄文人の遺構と生活道具から中国山地の多彩な縄文文化を紹介する。

44
市澤英利
東山道の峠の祭祀・神坂峠遺跡
都と東国を結ぶ古代東山道随一の難所、信濃国と美濃国の国境の神坂峠。旅の成就を願って峠の神に捧げた人びとの祈りを追う。

45
中村哲也
霞ヶ浦の縄文景観・陸平貝塚
霞ヶ浦の恵まれた海産資源を獲り、日本列島屈指の大貝塚をつくりあげた陸平縄文人の暮らしを良好に残された景観からさぐる。

46
田中弘志
律令体制を支えた地方官衙・弥勒寺遺跡群
壬申の乱で大海人皇子の勝利に貢献した美濃の伝統的地方豪族ムゲツ氏が、律令官人へ変容する過程と活動を郡衙遺跡から追う。

47
菊池　実
戦争遺跡の発掘・陸軍前橋飛行場
アジア太平洋戦争の末期、群馬県前橋市郊外に急造された陸軍の飛行場の考古学的発掘調査から、戦争遺跡発掘の意義を訴える。

48
山崎純男
最古の農村・板付遺跡
水路・堰・畦畔が整備された水田稲作跡を発掘し、弥生時代の基本的内容を明らかにした遺跡から、列島最古の農村の姿に迫る。

49
千賀　久
ヤマトの王墓・桜井茶臼山古墳・メスリ山古墳
大王墓とよぶにふさわしい、奈良盆地の東南・磐余（いわれ）の地にあるこの二つの古墳は初期ヤマト王権とどうかかわるのか。

50
石川日出志
「弥生時代」の発見・弥生町遺跡
弥生式土器とは、それがつくられた弥生時代とは——その解明に打ち込んだ先人たちの道のりと、弥生町遺跡の実態を解説する。

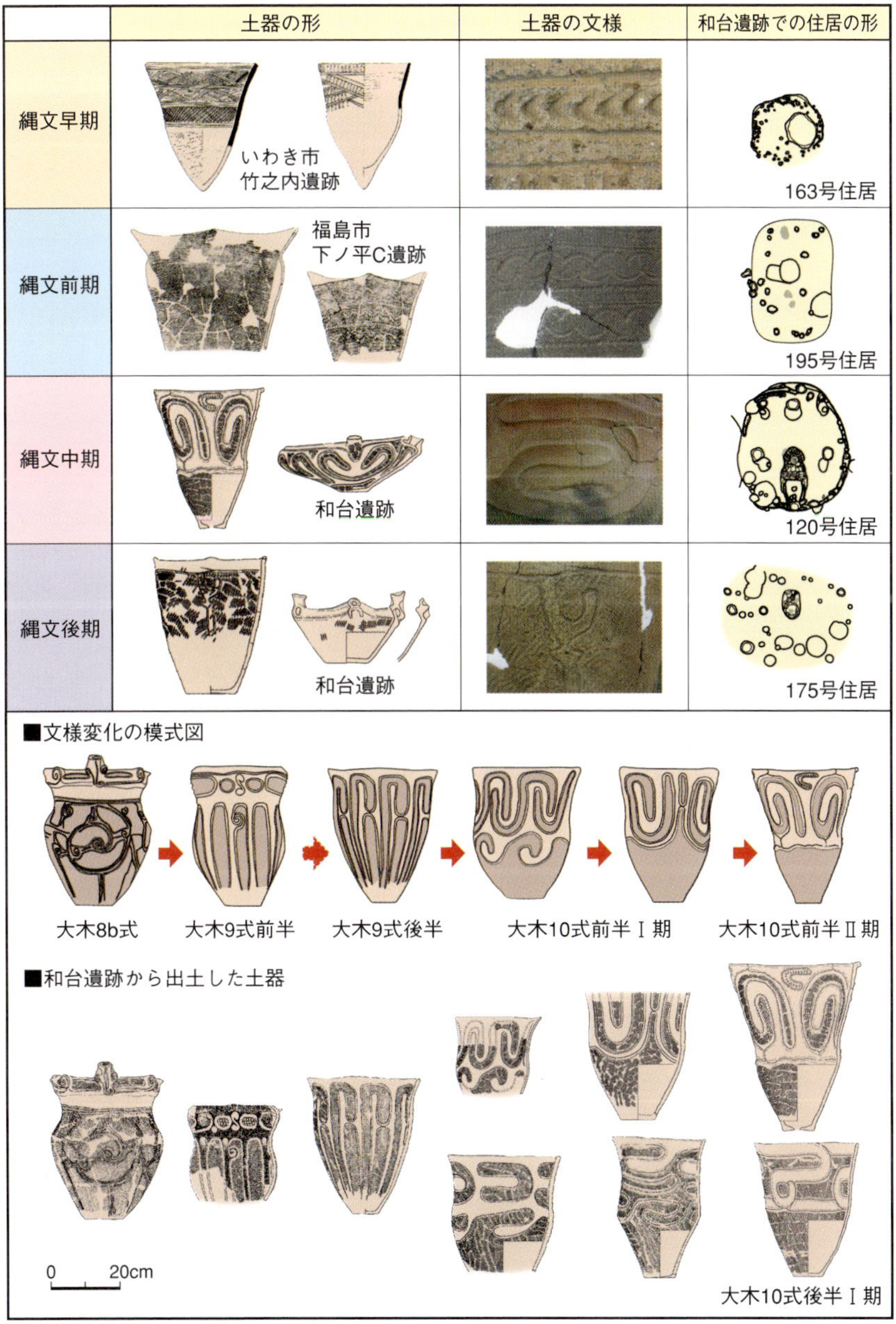

図 25 ●住居の形と文様の変化
上：時期によって住居の形が異なる。
下：文様の変化により、時期を細分することが可能である。

るという三点をあげ、土器型式の細別時期ごとに集落の変遷を大まかに示すことはできるが、同時に何棟の住居があったかを明確にすることはできないとして、土器型式の細分による限界を指摘している。

それでも、各時期の竪穴住居跡の建てられた場所を見ていくと、各時期とも中央広場を避けており、総体として数棟から二、三〇棟程度の住居が存在し、馬蹄形状の集落形態をしていた。全国的にみても、住居跡の密集度が非常に高い集落であったことはいえるだろう。

掘立柱建物は貯蔵施設?

二四棟の掘立柱建物跡は、縄文中期末葉から後期初頭にかけてのもので、その内訳は中期が七棟、後期が一二棟、不明五棟である。いずれの時期のものも比較的小規模のものが多く、ランドマークになるような建物ではなかったと思われる(図26)。すでに述べたように、掘立柱建物跡は中央広場をかこむ直径約六〇メートルの円形の範囲内に密集している。

図26 ● 掘立柱建物跡
柱に使用された木材は見つからないが、土層からは柱の立っていた痕跡が認められる。人の立っているのが一棟分の柱穴。

この範囲にはさらに、数百基の柱穴《はしらあな》がある。これらは掘立柱建物跡の柱穴と同様の土層の堆積を示しているため、本来は掘立柱建物跡を構成していたものもあると考えている。そうすると掘立柱建物はさらに増えることになる。

縄文中期の集落で、竪穴住居跡と掘立柱建物が同時期に並存していた例としては、岩手県の御所野《ごしょの》遺跡や西田遺跡があげられるが、東北南部の遺跡ではあまり事例は多くない。御所野遺跡や西田遺跡では、中央広場を墓域とし想定し、掘立柱建物を葬送のための「もがり」小屋とする見解がある。しかし和台遺跡では、中央広場に墓坑はなく「もがり」小屋と考えるのはむずかしい。また、掘立柱建物跡には炉跡がなく、同じ時期には竪穴住居跡が多数見つかっていることから、居住施設とする可能性も低い。

一方、複式炉期にかけての貯蔵穴が住居跡の数にくらべて少ないことからすれば、貯蔵穴に代わる貯蔵施設だったと考えられる。あるいは、広場を含

図27 ● **埋甕**
住居のなかに埋設されたもの（上）と、
屋外に埋設されたもの（下）がある。

めて共有のスペースであったとすれば、共同作業場、祭祀施設という可能性もある。

埋甕は墓なのか

一二一基の埋甕は、住居内の埋甕（七〇基）と、屋外に埋設された土器（五一基）を含めたものである（図27）。関東地方や中部地方では、屋内の埋甕は入口部分に埋められていることが多く、新生児の成長を祈る施設、妊娠にかかわる呪術施設と考えられている。一方、和台遺跡では、埋甕の場所は炉からまっすぐのびた直線上や炉の周辺、まわりの壁付近などと統一性がない。また設置のされ方も、通常の置き方や逆さまではなく、斜めや横のものも多いことから、関東地方や中部地方とは異なった風習を感じさせる。

屋外に埋設された土器のなかには、底部穿孔のもの（約二〇基）、埋めた穴の最上面に大型の礫が置かれたもの、土器のなかから石棒などの石器が出土したものもある。これらは土器を棺にした土器棺墓と考えてよいだろう。その分布は中央広場にまとまりがあるものの、竪穴住居のある場所にも広がっている。また、成人墓にあたる土坑墓は見つかっておらず、中央広場一帯を墓域とするにはなお検討の余地がある。

貯蔵穴や落とし穴

約二六五〇基という多量に見つかった土坑は、その形や堆積状況などから、貯蔵穴（約二二〇基）、落とし穴（約一二〇基）、柱穴（約二七〇基）、不明・その他（約二〇〇〇基）に分類

貯蔵穴（上の写真では二つの穴が重なっている）

落とし穴
（底に杭を立てている）

図 28 ● 貯蔵穴と落とし穴
貯蔵穴は居住域や近くの緩斜面にまとまり、落とし穴はその外側で列状に見つかっている（ジオラマは新潟県立歴史博物館の展示）。

できる（図28）。

貯蔵穴は直径が一メートルを超える大型の土坑で、断面がフラスコのような形状をしていることからフラスコ状土坑、袋状土坑ともよばれている。落とし穴は楕円形をしていて、底に杭《くい》を立てたであろうピットがある。柱穴では柱の痕跡や底面の硬化が認められた。

それぞれの土坑の時期についてみると、貯蔵穴は、複式炉期に先行する時期（大木7b式―大木8b式）のものが大半（一〇〇基）で、複式炉期のものは六〇基と意外に少ない。同様に落とし穴も複式炉期以前が五〇基で、複式炉期は二〇基となっている。このように複式炉期の集落にともなう土坑は意外に少ない。

集落の本体となる竪穴住居跡の形成にさきがけて土坑群がつくられるのは、岩手県の御所野遺跡や柳生《ようしょう》遺跡でも認められている。これらの遺跡においても、土坑↓住居↓掘立柱建物跡の順で集落が形成されていることが指摘されており、拠点的な集落の形成過程の共通性がうかがえる。

3　生活の遺物

バランスよくそろっている剝片石器

人体文土器や狩猟文土器などめずらしい縄文土器が出土したことから、和台遺跡はあたかも祭祀的行為だけがおこなわれていたかのようにとらえられがちである。しかし、これまでみてきたように、ムラの最盛期にも住居に並存して貯蔵穴や落とし穴がつくられるなど生活の場であったことをうかがわせ、単純に祭祀的機能に特化した遺跡と解釈することはむずかしい。この点を出土した石器からみていくことにしよう。

竪穴住居跡から出土した石器は約五〇〇〇点にのぼる。土坑などの遺構や遺構外からも多くの石器が出土しているが、それらには複式炉期以外の石器が多く含まれるため、ここでは住居跡から出土した石器だけを分析対象とする。

五〇〇〇点のうち、「剥片《はくへん》石器」（剥片とよばれる厚みがない素材を用いた石器）が約三九〇〇点、川原石などの礫を素材とした磨石《すりいし》・石皿《いしざら》類が約一一〇〇点である。

剥片石器のうち約八割は、石器制作や調整加工の際に生じた小型の剥片やさらに細かい砕《さい》片《へん》で、製品と判別がつくものは約五

図29 ● **和台遺跡出土の石鏃**（上）・**石匙**（下）
地元では入手できない珪質頁岩が多用されている。石材は奥羽山脈を越えてもたらされた。

三〇点であった。

このうちほぼ完全な形をしていて種別の分類が可能な資料は二九三点で、石鏃《せきぞく》が七三点、石錐《せきすい》が一九点、石匙《いしさじ》が二六点、削器《さくき》が四五点、掻器《そうき》が六二点、剥片が四四点、使用痕のある剥片が一二点、尖頭器《せんとうき》が三点、その他が九点であった（図29）。剥片石器の種類としてはかたよりがなく、縄文人が生活の道具としている石器がバランスよくそろっているといえる。

これら剥片石器の石材には、珪質頁岩《けいしつけつがん》が多用されている。福島県内には原産地がなく、第4章でみるように、山形県の寒河江《さがえ》周辺から石材が搬入されたものと考えられる。

和台遺跡内では製品の量と比較して素材となる剥片の点数があまり多くないことから、大型の原石を手に入れたのではなく、石器を製作するのに適した軽量な素材だけをもち込んでいたようだ。

ただし原石と素材剥片の中間段階の石核も見つかっており、素材剥片を加工し貯蔵した遺構である石器埋納遺構も存在するため、遺跡内において石核から素材剥片を剥《は》ぎとる作業がおこなわれている。しかし、その点数はごくわずかで、大半の石器は別の遺跡で必要な素材剥片をあらかじめ剥離して和台遺跡にもち込んだ可能性が高い。

石器製作については、住居跡によっては一〇〇点以上の砕片が出土していること、未成品やつくりおきの未使用品、刃部《じんぶ》を再生した石器があることから、必要な各種の石器を集落内で製作していることがわかる。また剥片石器の使用痕を分析した結果、特定の作業を集中しておこなっているわけではなく、むしろ日常的な軽作業を継続的におこなっていたことを示している。

磨石・敲石・石皿と石斧

一方、磨石・敲石《たたきいし》・石皿は約一一〇〇点と多量に出土した（図30）。これらの石器は堅果《けんか》類などの食料を加工する道具と想定されるもので、和台遺跡では日常的な食料調達とその加工がおこなわれていたことが想像される。

磨石類の石材は、阿武隈川の川原石である花崗岩《かこうがん》、閃緑岩《せんりょくがん》、砂岩《さがん》など、容易に入手できる在地《ざいち》的な石材が用いられている。つまり、石材の調達→石器の加工→道具としての使用という一連の作業が遺跡のすぐ周辺でおこなわれていたことがわかる。また、破損した磨石類は道具としての機能を終えた後も、複式炉の一部として再利用されているものが多い。

また、打製石斧《だせいせきふ》は二八点出土してい

図30 ● 和台遺跡出土の石皿・磨石類
堅果類を加工する道具はたくさん見つかっている。下になっているのが石皿、その上にのっているのが磨石類。

図 31 ●**和台遺跡出土の打製石斧・磨製石斧**

上・中：打製石斧。柄の装着方法により使い分けがされていた。
下：磨製石斧。サイズや形態が異なっているのは、作業内容や工程によって使い分けがされていたから。

る（図31）が、集落の規模から考えると少ない。短冊《たんざく》形石斧とひさご形石斧の両形態がほぼ同数出土している。石材は砂岩、安山岩《あんざんがん》、凝灰岩《ぎょうかいがん》、緑泥片岩《りょくでいへんがん》などで、磨石・敲石・石皿同様、阿武隈川流域でごく一般的な石材を使用している。磨製石斧（三一点、図31）や砥石《といし》類の点数も少ないが、さまざまなサイズの磨製石斧が出土していることから、木材の伐採から加工にいたるまでの作業工程に合わせた道具が出土しているといってよい。

以上のように、和台遺跡では各種の石器類を製作・使用していたことがわかり、日常的な生活が営まれていたことがうかがえるのである。

4　祭祀の遺物・遺構

石棒・石棒状土製品の出土

和台遺跡では数多くの石棒（図32）と、石棒の未完成品や石棒製作時の屑《くず》が見つかっており、石棒の製作をおこなっていたことがわかる。用いられた石材は打製石斧と同様で、砂岩、安山岩、凝灰岩、緑泥片岩など遺跡周辺で調達したものと考えてよい。

縄文時代後期では飯舘《いいだて》村上ノ台《うえのだい》C遺跡において石棒の製作がおこなわれていることがわかっているが、縄文中期の遺跡としてはめずらしい。また、石棒状土製品、女性器を模したと思われる石製品も出土している。

土偶は合計で一一〇点出土しているが、完全な形に復原できたものは一例もない。また、ほ

図 32 ● 和台遺跡出土の石棒・石棒状製品
これは完成品だが、製作途中のものも見つかっている。

図 33 ● 和台遺跡出土の首飾り（左）**と耳飾り**（右）
左：緑色の 2 点はヒスイで、大きさは 2.4cm。
右：ピアス状のものと耳たぶをはさむものがある。

図 34 ● 和台遺跡出土の土偶・土製品
土偶は完全な形での出土が 1 点もない。
壊すことに意味のあるお守りだった。

とんどが女性を表現しており、壊すことに意味のある安産祈願のお守りと考えられる。それは、顔がなく全身が十字状の単純な形態から、顔の表現があるもの、足もきちんと表現された写実的なものへと変遷している（図34）。

和台縄文人のアクセサリーは、首飾り、耳飾り、腕輪が見つかっている（図33）なかでもヒスイは、全国的にみても各地方の拠点集落で見つかっており、周辺の拠点的集落とのつながり、物と人の流れを語るうえで重要な役割をもつ。

火葬された人骨

和台遺跡で発見された人骨は一体のみである（図35）。これは屋外の埋設土器内から見つかったもので、八〜一〇歳の子どもの骨で性別は不明である。人骨は収縮変形がはげしく、灰化していることから、長時間かけて高温で焼かれたものであることがわかっている。火葬された後に、土器を

図35 ● **埋設土器におさめられていた人骨**
白い部分が人骨。火葬されているため、太くて丈夫な大腿骨と脛骨（すねの骨）が残っていた。

棺として、屋外に埋葬されたものである。

縄文後期前葉になると、屋外埋設土器による埋葬が一般的となるが、この事例は火葬をともなう屋外埋甕による埋葬方法が縄文中期におこなわれていたことを意味しており、非常にめずらしい。

廃絶住居を利用した祭祀行為

一八三号住居跡からは大量の炭化物が見つかった（図36・37）。炭化物の総重量は六四キログラム、容積は一二八リットルで、クリが八五パーセントを占め、そのほかトチノミ、オニグルミ、木材などであった。遺構をくわしくしらべると、この住居跡は廃絶されてから完全に埋没して更地《さらち》になるまでに、複数の人為的な行為の痕跡が認められた。

住居を廃絶した後に、土器の遺棄行為、堅果類の蒸し焼き行為、獣骨《じゅうこつ》の焼成行為がおこなわれていた。また、それぞれの行為の間に、住居が徐々に埋まっていることから、同時期におこなわれた

図36●大量の炭化物が見つかった住居跡
住居の大きさは平均（5.0m）よりも大きい6.4mで、
大量の炭化クリ、獣骨片、石器が見つかった。

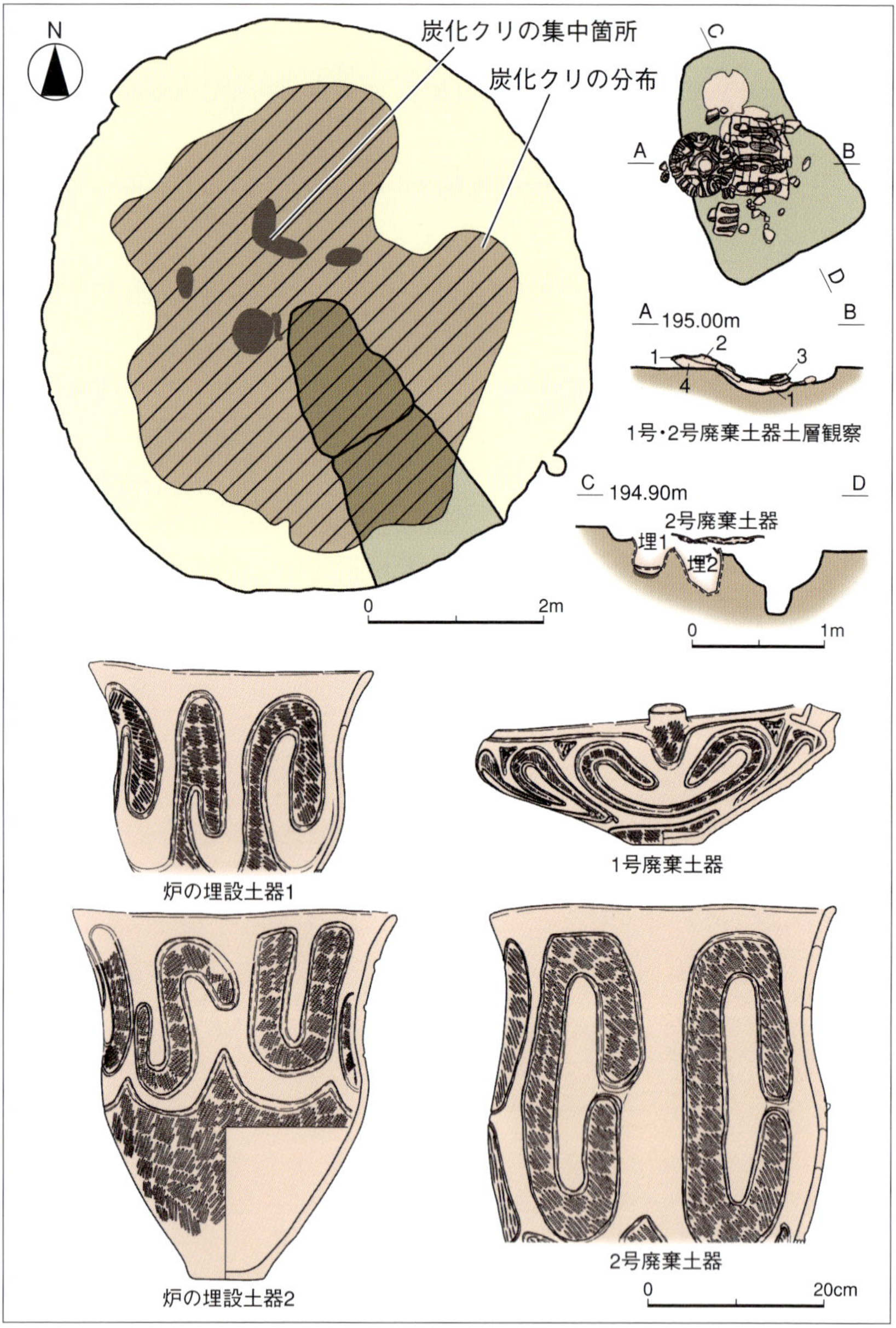

図 37 ● 183 号住居跡の炭化クリの分布と出土土器

住居の廃絶、土器の遺棄、炭化クリが異なる層から出ている。1 号廃棄土器には注口がついており、日常的な器ではないと思われる。

図 38 ● **183 号住居跡から出土した道具一式**
大量の石器（約 600 点）も見つかっている。ほとんどが小型の剝片・砕片だが、石鏃 12 点、石匙 2 点、磨製石斧 2 点、石皿 2 点、磨石 5 点なども含まれている。

図 39 ● **183 号住居跡の炭化クリ**
クリの実は原形をとどめている。長時間かけて蒸し焼きにされた。

ものではなく、異なった時期に同一地点で活動が繰り返されていたことがわかる。

現時点で、この住居跡以外でこれほどに大量の炭化物が見つかった住居跡は存在しないこと、集落全体でこの住居跡の場所を意識した反復的な行動がされていたことから、廃絶住居を利用した何らかの祭祀行為がおこなわれていたと考えられる。

クリ栽培の可能性

青森県の三内丸山遺跡でクリの実のDNA分析がおこなわれ、クリの遺伝子多様度が均質化していることから、クリの木の管理的栽培がおこなわれていたと結論づけられたのは有名だ。和台遺跡でも静岡大学の佐藤洋一郎により、一八三号住居跡から出土したクリ（図39）のDNA分析がおこなわれた。その結果、三内丸山遺跡出土のクリとくらべても遺伝子多様度がさらに均質化しており、クリの栽培化の可能性が高いという分析結果が提示されている。

焼かれた獣魚骨

和台遺跡からは哺乳類（イノシシ、シカ、タヌキ）、鳥類（ガン、カモ、キジ、ズズメ）、両生類（ヒキガエル）、魚類（海水魚のエイ、タイ、淡水魚のギバチ、河川と海を回遊するアユ、シロザケ）の獣魚骨が確認されている。これらは解体後間もない状態の時に九〇〇℃以上の高温で長時間焼かれたものが多い。

獣魚骨の出土状況とその時期にはまとまりがあり、複式炉期以前は平坦部の特定の土坑で出土するだけだが、複式炉期には分布域が拡大し、住居跡（床面、複式炉、埋設土器、ピット、住居跡の覆土）、土坑、捨て場などで集中した廃棄が認められる。そして、後期初頭になると、ごく一部の土坑から微量が見つかる程度に激減する。各時期ともに特定遺構との関係が非常に強いことから、何らかの儀礼にともなう焼成行為と想定されている。

複式炉期以外の和台遺跡

なお、ムラの栄えた複式炉期（大木９式と大木10式）以外についてみてみると、竪穴住居跡は縄文早期初頭に一棟、前期末葉に二棟（図24参照）、また平安時代のものが三棟見つかっている。複式炉期以前の大木７ｂ―大木８ａ式の竪穴住居跡は見つかっていないが、貯蔵穴・落とし穴・捨て場からこの時期の土器が大量に出土しているため、複式炉期以前にもこの地で縄文人が生活していたことが明らかである。もとはあった住居跡が、複式炉期の集落に破壊されてしまっている可能性もある。さらに、縄文時代以前についても、伊達《だて》郡管内ではめずらしく旧石器時代のナイフ形石器二点、細石器《さいせっき》および細石核《さいせっかく》各一点が出土している。

このように和台遺跡の広がる台地上には、断絶期間はあるものの、旧石器時代から縄文時代にかけて人びとの活動痕跡が刻みつけられているのである。

以上からみると、和台縄文ムラは縄文人たちの生活の場であったということができる。と同時に、特別な祭祀もおこなわれていたことがわかった。次章では、目をムラの外部へむけ、周辺地域との関係から和台縄文ムラの性格を考えていこう。

第4章　川と山のネットワーク

1　遺跡を育んだ阿武隈川

阿武隈川流域の自然環境と地理区分

福島県の母なる川と親しまれている阿武隈川は、福島県西郷村《にしごう》の旭岳《あさひだけ》（標高一八三五メートル）を発し、福島県の中央部である中通り地方を北上しながら縦断し、宮城県亘里町《わたり》で太平洋に注ぐ。流路延長は二三九キロ（全国六位）で、大滝根川《おおたきね》、安達太良川《あだたら》、荒川《あら》、摺上川《すりかみ》などの支流を集めて、その流域面積は五四〇〇平方キロの一級河川である。流路には、平地と渓谷が交互に出現し、それにともない勾配も変化に富んでいる（図40・41）。

阿武隈川流域の西側にある奥羽山脈には、那須岳《なす》、旭岳、安達太良山、吾妻山《あづま》、刈田岳《かった》などいずれも標高一〇〇〇メートル級の山々が連なり、気候的には、日本海側と同じく冬季には降雪量の多い豪雪地帯となる。一方、阿武隈川の東側は標高八〇〇メートル級の山が連なる阿武

図 40 ● 和台遺跡近くの阿武隈川
流れは急ではないが、水面にはいくつもの岩が頭を出しており、舟運の妨げとなった。

隈高地で、太平洋側との中間的な気候となっている。

このように、阿武隈川の流路は変化に富み、川の東西では気候条件も異なることから、阿武隈川をとりかこむ生態系は多種・多様である。この阿武隈川、そして阿武隈高地周辺の自然資源が和台遺跡を支えた台所であった。また、周辺との情報や物流にも、河川が大きな役割をはたしていたのである。

阿武隈川は、大きくみると、山間渓流部（西郷村、白河市）、上流域（須賀川市《すかがわし》、郡山市《こおりやまし》、二本松市《にほんまつし》）、阿武隈峡（二本松市から福島市の狭窄部《きょうさくぶ》）、中流域（福島盆地）、阿武隈渓谷（福島・宮城県境の狭窄部）、下流域（丸森町《まるもりまち》から河口までの平野部）の六つに地理的・地域的に区分できる（図41）。そのなかで和台遺跡が位置するのは、二本松市安達ヶ原《あだちがはら》から福島市黒岩にかけての約二〇キロにわたる阿武隈峡である。この間の高度差は一二〇メートル、山間地を縫うように川が流れており、阿武隈川のなかで最大勾配となる箇所もこの阿武隈峡に存在する。

阿武隈川の水運

川の流れを利用した組織的な物資の輸送を舟運《しゅううん》とよぶが、文献資料によると、阿武隈川の舟運開始は意外に遅く、江戸時代の年貢米運搬が最初の記述である。一六六四年（寛文《かんぶん》四）、米沢藩《よねざわはん》領であった信達《しんたつ》・伊達の両郡が幕府直轄領となったのが舟運の開始時期である（『弁才天《べんざいてん》再建立勧化帳《さいこんりゅうかんかちょう》』）との認識が一般的であるが、この当時は中流域の福島盆地から河口までの比較的緩やかな流域での輸送に限られていた。

図 41 ● 阿武隈川流域の地理区分
和台遺跡が位置するのは、阿武隈峡とよばれる渓谷部である。

上流域のうち須賀川から二本松は、幕末になってようやく舟運が始められたが、飯野町の位置する阿武隈峡は、散在する岩石や急流の多い難所のため舟を使うことができない不航区間で、馬に積み替えた陸送がおこなわれていた。それ以前の古代、中世の水運に関する文献資料は認められていない。

縄文時代はどうであったろうか。縄文時代の遺跡分布や遺跡の立地を考える際に、河川流域を基本にした考え方はごく一般的である。実際、中通り地方の縄文時代中期の遺跡分布をみると、阿武隈川本流とその支流に遺跡が点在している（図44参照）。現時点では阿武隈川流域の遺跡から丸木舟など水運を物語る遺物の発見例はないが、和台遺跡が営まれた縄文時代についても、河川を利用した人間の往来があったことは想像される。

ただし、和台遺跡が位置する阿武隈峡は、前述したように、江戸時代においても舟運の不航区間であることから、縄文時代では、なおさら水運には利用できなかったものと思われる。そして、この水運に不向きな阿武隈峡の存在が、後に詳述するように、和台遺跡にとって幸いしたのは歴史の皮肉であった。

2　拠点的集落とそのネットワーク

二つの国指定史跡—和台遺跡と宮畑遺跡

和台遺跡が舌状台地の先端にあることはすでに述べた。すぐ眼下には阿武隈川が迫っており、直線距離で約一〇〇メートル、目と鼻の先である。台地（標高約一九五メートル）と河床面（標高約一六〇メートル）との比高は三五メートルもあるため、すぐに川におりることはできない。ただし、高低差があるため、雨季、台風などによる洪水被害をほとんど受けることのない立地にある。

こうして、和台遺跡は高台にあるが、広域までを見渡せる立地ではない。遺跡の周囲には遺跡とほぼ同じ標高、またはそれより標高の高い高台が広がっているからだ。はるか遠くに見える安達太良山と阿武隈高地の峰々を望むことはできるが、周囲からは閉ざされた場所といってよい（図42）。裏を返せば、遠くから和台遺跡のある場所を確認するのも至難の技である。

福島市には和台遺跡のほかに、もう一つ国の指定を受けている史跡がある。宮畑遺跡である。宮畑遺跡は福島市岡島に所在する縄文時代の集落遺跡で、現在、阿武隈川は遺跡から一・二キロほど西に離れた場所を流れているが、縄文時代には遺跡のすぐ脇を川が流れる低地性集落であった（図43）。

宮畑遺跡からは中期、後期、晩期の三つの時期の集落が確認されている。中期の集落では焼失住居が多く認められ、後期の集落

図 42 ● 和台遺跡周辺の景観
○印の場所が和台遺跡の位置。標高が高いところから眺めても、遺跡のある場所は山のなかに沈んでしまう。

では関東地方で検出例の多い敷石住居跡が形成され、晩期の集落では、環状に掘立柱建物跡が配置され、その外側には埋甕が存在する集落となっている。掘立柱建物には最大で直径九〇センチの柱が立てられていたことがわかっている。

宮畑遺跡の三つの時期の集落は、それぞれ異なる内容と特徴をもち、いずれも縄文時代の社会を考えるうえで貴重なもので、とくに晩期の集落は南東北地方を代表とするものであることから、二〇〇三年八月に国史跡に指定された。

宮畑遺跡は福島盆地の縁辺に位置している。和台遺跡が山間地にあり、あまり周囲の眺望が望めない位置にあることに対して、宮畑遺跡では遺跡近くの高台に上ると、福島盆地を望める場所に立地しており、非常に視界が開けている。盆地の四方には山々が広がっているため、どの場所からも遺跡が望めるわけではないが、周囲の山々から見れば、盆地内の遺跡は目視で確認することもできる。

近くて遠い二つの拠点的集落

和台遺跡と宮畑遺跡は福島市における二つの国史跡ではあるが、遺跡の立地が異なると同時に遺跡からの視界、遺跡から見た阿武隈川の風景もまったく異なる。また、阿武隈川の自然環境で述べたように、二つの遺跡の間には阿武隈峡とよばれる狭小で急勾配な箇所があり、舟運は不航区間となっていた。

二つの遺跡は、地図上においては阿武隈川沿いの拠点的集落同士であり、日常的な人間・物資・情報の交流が想起されるが、実情は自然の要害が障壁になり、河川を媒介《ばいかい》とした交流は妨げられた「近くて遠い存在の遺跡」だったのである。

一方、二つの遺跡は性格も違い、それは居住施設の廃絶にかかわる祭祀行為に顕著にあらわれている。宮畑遺跡は焼失住居という住居廃絶にともなう儀礼行為が認められる（図47参照）一方で、和台遺跡では炉の廃絶、または廃屋を利用した儀礼行為がおこなわれていた。居住施設の廃絶にともなう行為という側面では共通性があるものの、祭祀行為の内容はまったく異なるものである。

集落群の関連と集落構造のモデル化

中通り地方の複式炉を有する時期の遺跡群は、福島盆地エリア（月崎《つきざき》遺跡、宮畑遺跡を核とした摺上川流域の遺跡群）、松川丘陵・安達太良山麓エリア（和台遺跡を核とした中山間部の遺跡群と安達太良山の扇状地に広がる山麓遺跡群）、郡山

図43 ● 宮畑遺跡周辺の景観
かつて破線部分を阿武隈川が流れていた。建物が建ち並ぶのが盆地部である。和台遺跡周辺の景観とはまったく異なる。

盆地エリア（阿武隈川流域遺跡群、東側支流の遺跡群、西側支流の遺跡群）の大きく三つに分けられる（図44）。

以下、福島盆地エリアと和台遺跡のある松川丘陵・安達太良山麓エリアの縄文人のネットワークについて考えてみよう。

福島盆地エリア―盆地集約型の拠点的集落

福島盆地エリアの平地部にある集落にとっては、阿武隈川は大動脈的な役割を担っており、河川流域の移動は比較的たやすい。山間部に位置する集落から平地部を望むことはできなくとも、支流を下っていけば容易に平地部の本流にたどりつくことができる。つまり福島盆地エリアでは、平地部の人の動きと支流の人の動きが阿武隈川本流で合流するため、人間や物資の移動が平地部に集中しつつも面的に広がりやすい。また、盆地内のため集落を営むうえでの地形的制約が少ないことから、複数の中規模集落が形成され、集合的に活動していた。宮畑遺跡や月崎遺跡が福島盆地を集約した「盆地集約型拠点的集落」といえる。

その一方で、福島盆地に隣接した山間部の小規模集落との関係も強い。阿武隈川の支流である摺上川上流には摺上川ダム関連遺跡群が存在する。山間部の小規模集落では極端に石器や祭祀的遺物の量が少なく、日常生活の痕跡が薄い遺跡があることから、狩猟・採集・漁撈・流通などの基点、中継点と考えられる。

盆地の中規模集落はこのエリアの拠点としての役割を担っていて、山形県産の頁岩が福島盆地エリアに搬入される際には、摺上川ダム遺跡群を中継地とした交易がされていたと理解され

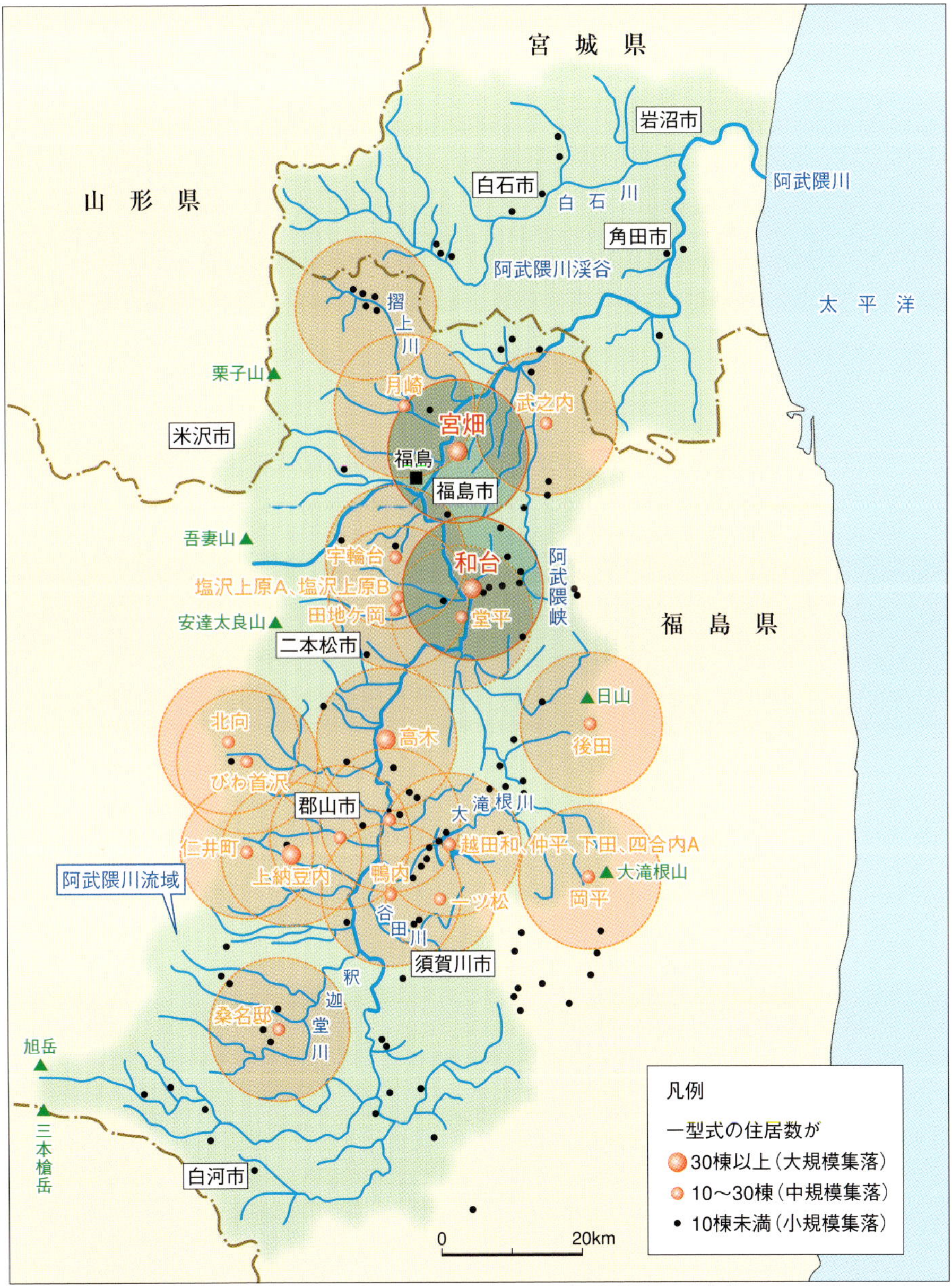

図 44 ● 阿武隈川流域の集落の分布
複式炉期の大・中規模の集落は、阿武隈川沿いに約 10 km おきに存在する。これらの集落が周辺地域の拠点となった。

る。

松川丘陵・安達太良山麓エリア―流域分散型の拠点的集落　松川丘陵・安達太良山麓エリアの拠点的な集落となるのが和台遺跡である。しかし、和台遺跡の下流約七キロ付近から阿武隈川の最大勾配箇所となるため、下流の福島エリアの遺跡と、水運を利用した日常的な交流は容易でなかったことが予想される。

また、山間地という地形的要因により集落の占有地は限定されるため、福島盆地エリアのように中規模集落が複数並立することはなく、単独の大規模集落である和台遺跡が形成され、流域や山間地で分散している小規模集落との関係が強くなったのではないかと考えられる。

つまり、和台遺跡がこの地方で拠点的集落となったのは、阿武隈川沿いという優位な立地だけでなく、渓谷という地形的制約により、上流側から伝わってきた情報や物資が必然的に集結したからであろう。和台遺跡より上流の遺跡にとっては、阿武隈川という水運ネットワークの要衝に位置していた。一方で、山間部・内陸部の遺跡との往来にあたっては、当然、中山間部に中継地が必要になってくる。その場合、水運ネットワークの要衝となった和台遺跡は、山間部に向けての情報発信基地、山間部との出入口として情報や物資が拡散するための経由地、中継地として栄えたのではないだろうか。

こうした点から、和台遺跡は阿武隈川沿いと山間地の集落の中継地となる「流域分散型拠点的集落」であり、川と山の交易網の要衝となった集落だったということがわかっていただけるのではないかと思う。

拠点的集落の立地と領域

國學院大學の谷口康浩《やすひろ》は、拠点的集落の立地を決定する要因は、自然地理的な条件だけでなく、むしろ地域全体の集落の分布のなかで他集落との位置関係が重要な意味をもつものとし、つぎのように想定している。

①一定の領域を確保し、領域内の資源をもっとも効率的に利用できるのに有利な立地、②地域社会と相互に連絡し、物資・情報・人の伝達をおこなう広域的ネットワークの結節点としての機能、③広場や集団墓に象徴される社会的活動の求心点としての機能。

拠点的集落が縄文時代の各時期にわたって同一位置に継続的・反復的に形成される現象が多いことを、領域や集落間ネットワークという視点でとらえたものである。そして、拠点的集落を、経済的・社会的な中心地と理解している。

とくに領域の確保と資源開発の拠点としての意味が第一義的に重要であり、もっとも有利な場所が地域社会の中心地として継続的に継承されたものとした。

人口密度が低い場合には、領域の確保や継承はそれほど困難でない。しかし、縄文時代中期末葉はいわばもっとも高密度な状況にあり、隣接する他集団との関係のなかで、領域を確保して安定的に継承することが課題となったに違いない。それを可能にするもっとも有利な場所であるからこそ、多くの人間が集住し、社会生活の中心としてさまざまな機能が集中することになったという考え方である。この谷口の説に照らしてみても、和台遺跡は拠点的集落の条件をすべてそろえている遺跡といえる。

3　遠方との交易と搬入ルート

ではつぎに、遠方からの物資の交易と搬入のルートを考えてみよう（図45）。和台遺跡を中心に同心円を描いた場合、半径一〇〇キロ圏内の物資としては海産資源（エイ、タイ）、高原山産の黒曜石、二〇〇キロ圏内では頁岩、北陸地方の異系統土器、三〇〇キロ圏内ではヒスイ、関東地方や中部地方の土器、貝輪状土製品・土製腕輪、長野県産の黒曜石、四〇〇キロ圏内では神津島産の黒曜石があげられる。これらの物資は、和台遺跡と周辺遺跡、さらには遠隔地の遺跡との結びつきを示唆するものであるが、直接和台遺跡の縄文人が現地で入手しているというよりは、近隣集落との交易により入手したものと考えられる。

その流入・搬入ルートを想定してみよう（図41参照）。海産物は、阿武隈川を河口から上流に向かう川沿いを伝うルートと、浜通り中部から阿武隈高地を越える山越えルートが考えられる。私は、阿武隈峡と阿武隈渓谷という二つの難所をかかえる阿武隈川ルートよりも、浜通り中部からの山越えルートのほうが距離的に近いので、この山越えルートを使ったものと考えている。

山形県の寒河江周辺を原産地とする珪質頁岩は、福島県内でも剝片石器の素材として一般的に利用されている。頁岩の流入は、米沢―福島のルート、米沢―会津《あいづ》―郡山―福島という二つのルートが想定されるが、摺上川流域の遺跡群の存在、石材の移動距離を考慮すると、米沢―福島ルートが通常の経路と想定される。

北陸地方からは、日本国内では新潟県糸魚川《いといがわ》流域でしか産出しないヒスイと新潟県周辺に分

頁岩　200km圏

日常的な生活道具である剥片石器の素材は山形県の寒河江周辺からもたらされた。

頁岩製の石器

曽利式土器　300km圏

曽利式土器は、県内で約10例しか発見されていない。粘土は地元のものを使っており、文様を模倣してつくった土器とわかっている。

三十稲場式土器　200km圏

土器の文様は、各地方・各時期によって地域の特徴がある。三十稲場式土器の特徴は、刺突文様である。

ヒスイ　300km圏

ヒスイは、日本国内では新潟県糸魚川周辺でしか産出しない。各地方の拠点的なムラでは出土しており、巨大なムラを特徴づける出土品の一つともいえる。

海の魚　100km圏

和台遺跡から太平洋までは、阿武隈川を100km下らなくてはいけない。直線的なコースを選ぶと、距離は約40kmですむが、阿武隈高地の山々を越える必要がある。

黒曜石　400km圏

透明なガラス質の石材。和台遺跡では、栃木県の高原山、長野県の和田峠、伊豆七島の神津島原産と推定される黒曜石が出土している。

図45 ● 遠方との交易と搬入ルート
和台縄文人が直接入手したわけではないが、離れた場所の特産物や情報がもたらされていた。

布する三十稲場《さんじゅういなば》式土器がもたらされた。いずれについても、北陸地方―会津―郡山―福島、北陸地方―米沢―福島などのルートが想定されるが、三十稲場式土器の分布は郡山盆地では比較的顕著にあらわれていることから、会津を経由するルートのほうが利用度は高いようである。

関東地方からは、加曽利《かそり》E式土器や称名寺《しょうみょうじ》式土器、栃木県高原山《たかはらやま》産の黒曜石、東京都神津島《こうづしま》産の黒曜石がもたらされた。また、貝輪状土製品・土製腕輪も、確証はないが、関東地方からもたらされた可能性が考えられている。

関東地方からのルートは、那須―白河―阿武隈川―福島という中通りルートと、茨城県―浜通り地方を経由する浜通りルートが考えられる。複式炉期の集落分布を基準にすると、阿武隈川沿いの中通りルートを想定した。ただし、後期中葉の土器である加曽利B式の流入に際しては、浜通り地方の遺跡だけに関東地方の粗製《そせい》土器（紐線文《ひもせんもん》土器）が認められることから、時期によって利用されるルートが異なる可能性がある。

中部地方の物資では、長野県の星ヶ塔《ほしがとう》産、霧が峰《きりがみね》産の黒曜石、それに曽利《そり》式土器が見つかっている。曽利式土器は福島県内ではほとんど出土しない土器型式であるが、本宮《もとみや》市の高木遺跡と堂平《どうだいら》B遺跡でも出土例があることから、関東地方からのルートと同様に阿武隈川沿いの集落を伝うルートが想定されるので、長野県産の黒曜石もこのルートを利用したものと考えている。

このように物資の交流ということからみても、和台遺跡は各種ルートの結節点の役割をはたす位置にあり、それは当然、情報や人の伝達をおこなう広域的ネットワークの結節点ともなっていたわけで、縄文人がここに拠点的集落を営んだ意味がよくわかるであろう。

第５章　火の縄文文化の終焉

1　複式炉文化

縄文文化における地域文化

「縄文文化」という名称は、全国的に広がりをみせる縄文土器の使用を根拠にした名称である。全国的に同一の尺度である「縄文土器」の存在が文化名称となっている。

一方、縄文文化のなかの地域文化は、それぞれの地方・地域の環境や資源により提唱される。それは「亀ヶ岡《かめがおか》文化」「火焔《かえん》土器文化」といったように、ある土器型式が名称になる場合もあれば、仙台湾周辺あるいは千葉県の「貝塚文化」のように、食料資源の存在が名称になる場合もある。つまり、それぞれの地域文化は、必ずしも同一のものさしで測れるものではなく、周辺の環境や資源が大きくかかわるものといえる。

そこで和台遺跡のある地域文化を「複式炉文化」とよぶことができないだろうか。

現在でも、住宅の構造や屋内の設備は各地方の気候風土に合わせたものが用いられている。縄文時代の竪穴住居内の施設である炉についても、本来はその地方の環境、食生活、風俗習慣を反映した施設と考えられる。

土器型式の分布圏と複式炉分布圏

これまでの出土事例から、大木式土器の出土は関東地方でも認められるが、複式炉が見つかることは非常に少ない。このことより、大木式土器という土器型式による分布圏とは異なる次元でくくられる、複式炉文化圏の存在が浮かびあがってくる（図46）。

土器は、黒曜石のように〝動く〟考古資料であり、特定資源の流通範囲を示す。その背景には、土器のつくり手や土器製作集団の移動、交易・原料調達・生業活動による移動、交易による容器としての移動、近隣地域の土器の模倣、婚姻関係による人間の移動などが推定される。

一方、遺構である複式炉は、その土地の自然条件をより強く反映する〝動かない〟考古資料といえよう。そうした考えに立脚するなら、複式炉はその機能・用途と深くかかわりをもつ自然環境や、それと結びついた生業の実態を強く反映する可能性があるのではないだろうか。

実際、複式炉の命名者である梅宮茂は、二本松市の田地ヶ岡遺跡の報告書のなかで「複式炉

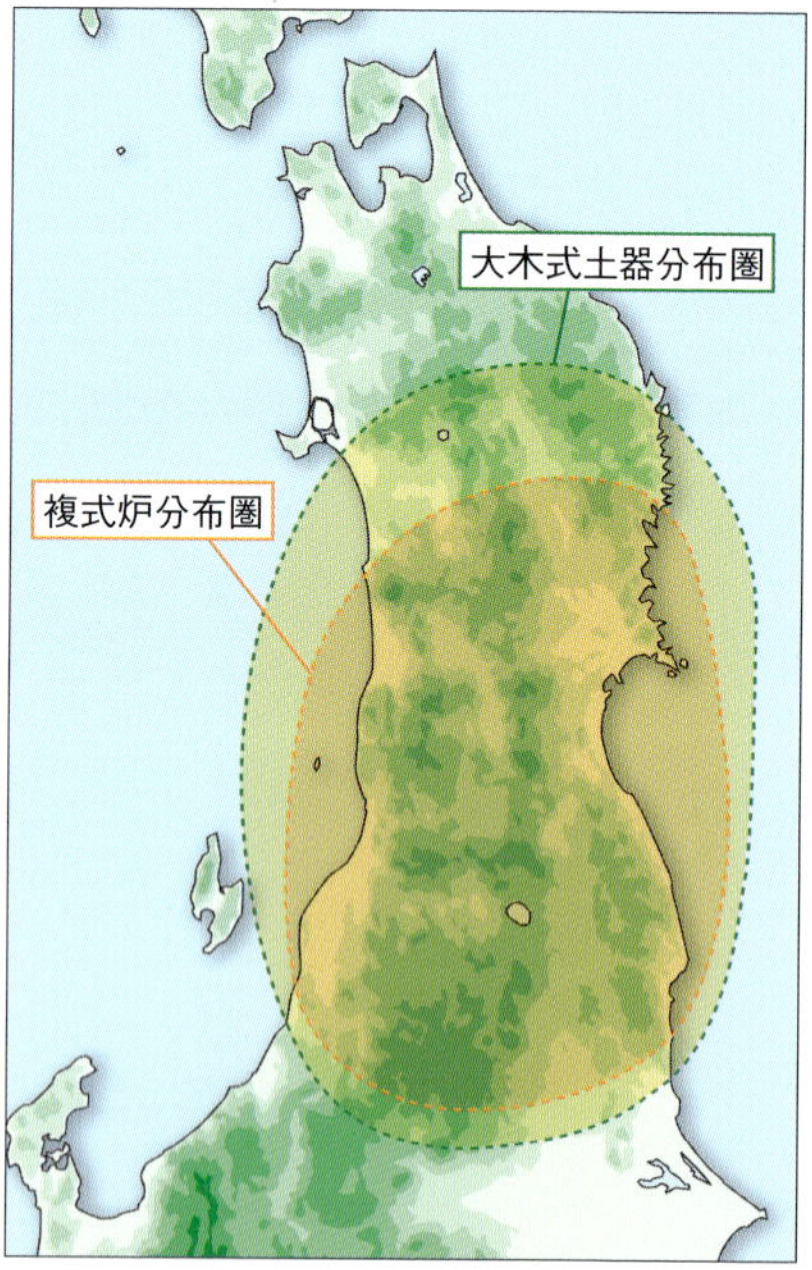

図46 ● 大木式土器と複式炉の分布
複式炉の広がりと大木式土器の広がりは同一にみられがちであるが、土器型式と複式炉の分布圏は異なっている。

文化」という名称を用いている。それは縄文時代の火の信仰を想起したものであった。

複式炉が数多く発見された二本松市の原瀬上原遺跡や塩沢上原《しおざわうわはら》遺跡の近くには、活火山である安達太良山がある。安達太良山は、後世に文献資料で「安達太良山、火を噴く火山、熱湯噴き上げる神の山」と出てくるように、火に結びついたイメージのある山である。梅宮は、複式炉に複数の土器が埋設されている場合の、なかでも小型の土器は、日常の火ではなく神に供献する火を灯す器であり、火種を保存するための火壺であるとの考えを示している。

梅宮自身は複式炉文化圏を愚説と断っているが、現在まで三〇〇〇件の複式炉を発掘してもその機能用途に対する答えが明確に出ていないことを考えると、「火を尊ぶ」行為にも意味があるのではないか、と思えてくる。

複式炉を意識した廃棄行為と火の祭祀

竪穴住居跡の廃絶時に、炉の埋設土器や構成礫を抜きとる行為、抜きとった土器や構成礫を炉の穴のなかに廃棄する行為はさまざまな遺跡で認められ、竪穴住居跡廃絶にともなう片づけ行為と考えられる。しかし和台遺跡では、片づけ以外にも、複式炉の埋没過程、あるいは埋没後の複式炉直上にほぼ完形の土器を遺棄している事例が数例認められる。この行為は福島県内の遺跡でいくつかの事例が報告されている。住居跡廃絶にあたり、複式炉を意識した意図的な土器の遺棄行為がおこなわれていることがわかり、複式炉崇拝ともいえる。

また複式炉に関係して、クリの蒸し焼き行為、獣魚骨の焼成行為など、火をあつかった祭祀がおこなわれていることも興味深い。先にみた福島盆地エリアの拠点集落、宮畑遺跡では、縄文中期に焼失《しょうしつ》住居が四六棟中二二棟と数多く認められた（図47）。これらの焼失住居は不慮の火事ではなく、居住施設の廃絶にかかわる祭祀行為によるものである。

こうした焼失住居の例は東北北部から関東北部におよぶが、どこでも住居跡総数の一―四パーセント程度しか見つかっていない。一つの遺跡からこれだけ多くの焼失住居が認められたのは初の事例である。和台遺跡の炉の廃絶にかかわる祭祀とは内容が異なるが、居住施設の廃絶にともなう行為という側面では共通性がある。

2　和台縄文ムラの終焉

気候の冷涼・湿潤化

先にのべたように、和台遺跡は縄文後期になると急激に衰退し消滅してしまう。

その要因は、従来は、縄文後期になると気候が冷涼寒冷化するとの説が一般的であった。しかし、植物化石群や花粉分析により、複式炉期にはすでに気候は冷涼・湿潤化し、森林帯が不安定な状況に置かれたことが推定されている。花粉分析によれば、クリ属は複式炉期には減少期に入り、トチノキ属が急増していることがわかっている。これまでトチノミの食用化は縄文後期にはじまると考えられていたが、和台遺跡では後期以前にトチノミの使用を開始している。

また、高木遺跡では後期初頭の洪水により集落が水没し、途絶えたと考えられている。湿潤化により流域の不安定さは増大した。

縄文人の環境破壊

二〇〇七年、約一五年ぶりに、白山遺跡の復原住居の屋根葺《ふ》き替《か》えを実施した（図48）。今回の作業は挿《さ》しガヤによる茅《かや》屋根の部分補修であったが、茅の量は軽トラックで六台分におよび、このほかにも建築部材が数十本、荒縄が数百メートル分必要であった。

部分的な補修だけでもこれだけの材料が必要であることを考慮すると、一棟の住居を建てる場合には大量の建築部材・茅・縄などの材料が必要であることをあらためて痛感した。

和台遺跡では、一時期の住居は三〇棟前後と考えられているが、三〇棟の竪穴住居を建てるのに必要な原材料が遺跡周辺だけでまかなえたのだろうか。

複式炉期にすでに気候が冷涼・湿潤化し、クリ林が減少傾向にあったとすれば、DNA分析により導き出されたクリの管理栽培という行為は、和台遺跡の縄文人の生活を支えるためにも必要不可欠な活動だったにちがいない。大規模な集落

図47 ● 宮畑遺跡の火災住居
縄文人が故意に火をつけたと考えられており、床面にはレンガのように固い焼け土が広がる。

を支えるためにクリ林を管理栽培する一方で、居住施設の維持のために環境を破壊しながら生活を送るという二面性をもっていたのが和台遺跡の実情にもみえてくる。最盛期の和台遺跡を支えつづけるためには、遺跡周辺の環境資源を第一に守るという行為は至極当然だったのかもしれない。

大規模集落から分散集住へ

縄文後期になると、大規模集落は極端に減少し、小規模集落へと分散集住するようになる。山間部の遺跡では大規模遺跡が姿を消し、盆地などの特定地域のみで中規模遺跡が存在している。気候変化の影響を直接的に受けたのが山間部の集落遺跡であり、盆地部の集落遺跡は平地部の資源をまんべんなく利用しながら、集落を継続的に営むことができているようにもみえる。

山間部の和台遺跡は最盛期には約三〇棟だった住居跡が、後期には二棟にまで減少する。複式炉期に始まった気候の冷涼化は食料資源の減少を招いただけでなく、生活資源の減少や枯渇《こかつ》をも意味したのではないか。このようにして和台遺跡はその終焉《しゅうえん》を迎えることとなった。

図 48 ● 白山遺跡復原住居の屋根の葺き替え
作業日数（5 日間）もさることながら、材料調達にも多くの時間がかかる。

参考文献

新井達哉　二〇〇三「狩猟文土器について」『和台遺跡』飯野町埋蔵文化財報告書第五号

新井達哉　二〇〇五「和台遺跡」「福島県における複式炉と集落の様相—中通り地方の集落の動態について—」『日本考古学協会福島大会シンポジウム資料集』日本考古学協会福島大会実行委員会

梅宮　茂　一九六〇「飯野白山住居跡報告」『福島県文化財調査報告書』第八集　福島県教育委員会

梅宮　茂　一九七五「田地ヶ岡遺跡」『東北自動車道遺跡調査報告』福島県文化財調査報告書第四七集

梅宮　茂　一九九六「学史としての複式炉の命名とその展開」『論集しのぶ考古』論集しのぶ考古刊行会

押山雄三　一九九〇「福島県の複式炉」『郡山市文化財研究紀要』第五号　郡山市教育委員会

日下部善己　二〇〇三「複式炉以前—U字型の炉から複式の炉へ—」『福島考古』四四号　福島考古学会

小林謙一　一九九九「縄紋時代中期集落における一時的集落景観の復原」『国立歴史民俗博物館研究報告』第八二号

小林謙一　二〇〇四『縄紋社会研究の新視点—炭素一四年代測定の利用—』六一書房

小山彦逸　一九九七「縄紋時代の狩猟文土器について」『青森県考古学』第一〇号

斎藤義弘　二〇〇六「宮畑遺跡」『日本の遺跡』一七　同成社

斎野裕彦　二〇〇六「狩猟文土器と人体文」『原始絵画の研究—論考編』六一書房

竹川重夫　二〇〇五「阿武隈川の舟運」『歴春ふくしま文庫』六一　歴史春秋出版株式会社

谷口康浩　二〇〇五『環状集落と縄文社会構造』学生社

西戸純一　二〇〇一「複式炉における人体文土器の意味」『考古学ジャーナル』四六八号

西戸純一、新井達哉　二〇〇三「縄文時代中期末葉の出土土器と住居跡群の変遷」『和台遺跡』飯野町埋蔵文化財報告書第五号

丹羽　茂　一九七一「縄文時代における中期社会の崩壊と後期社会の成立に関する試論」『福島大学考古学研究会紀要』第四冊

福田友之　一九九八「狩猟文土器再考—津軽海峡特有の絵画土器—」『北方の考古学』

福田友之　二〇〇一「狩猟文土器・動物形内蔵土器」『考古学ジャーナル』四六八号

目黒吉明　一九六九『上原遺跡概報』二本松市教育委員会

目黒吉明　一九八二「住居の炉」『縄文文化の研究』八　雄山閣

渡辺信夫ほか　一九九三『阿武隈川水運史研究』株式会社ヨークベニマル

渡辺　誠　二〇〇〇「人面・土偶装飾付土器の体系」『季刊考古学』第七三号

飯野町教育委員会　一九六四「飯野白山住居跡」飯野町史資料第一集

飯野町教育委員会　二〇〇三『和台遺跡』飯野町埋蔵文化財報告書第五号

飯野町教育委員会　二〇〇四『和台遺跡二　範囲確認調査報告書』飯野町埋蔵文化財報告書第六号

福島河川国道事務所　二〇〇七『阿武隈川河川利用計画』

刊行にあたって

「遺跡には感動がある」。これが本企画のキーワードです。

あらためていうまでもなく、専門の研究者にとっては遺跡の発掘こそ考古学の基礎をなす基本的な手段です。また、はじめて考古学を学ぶ若い学生や一般の人びとにとって「遺跡は教室」です。

日本考古学では、もうかなり長期間にわたって、発掘・発見ブームが続いています。そして、毎年厖大な数の発掘調査報告書が、主として開発のための事前発掘を担当する埋蔵文化財行政機関や地方自治体などによって刊行されています。そこには専門研究者でさえ完全には把握できないほどの情報や記録が満ちあふれています。しかし、その遺跡の発掘によってどんな学問的成果が得られたのか、その遺跡やそこから出た文化財が古い時代の歴史を知るためにいかなる意義をもつのかなどといった点を、莫大な記述・記録の中から読みとることはなはだ困難です。ましてや、考古学に関心をもつ一般の社会人にとっては、刊行部数が少なく、数があっても高価なその報告書を手にすることすら、ほとんど困難といってよい状況です。

いま日本考古学は過多ともいえる資料と情報量の中で、考古学とはどんな学問か、また遺跡の発掘から何を求め、何を明らかにすべきかといった「哲学」と「指針」が必要な時期にいたっていると認識します。

本企画は「遺跡には感動がある」をキーワードとして、発掘の原点から考古学の本質を問い続ける試みとして、日本考古学が存続する限り、永く継続すべき企画と決意しています。いまや、考古学にすべての人びとの感動を引きつけることが、日本考古学の存立基盤を固めるために、欠かせない努力目標の一つです。必ずや研究者のみならず、多くの市民の共感をいただけるものと信じて疑いません。

著者紹介

新井達哉（あらい・たつや）

1974年東京都生まれ。2000年明治大学大学院博士前期課程修了。飯野町教育委員会で和台遺跡や白山遺跡の発掘に従事。2008年、合併により福島市教育委員会に所属。
主な著作　『和台遺跡』、『和台遺跡2』、「和台遺跡」『飯野町史第1巻（通史編）』飯野町、「福島県における複式炉と集落の様相―中通り地方の集落の動態について―」「和台遺跡」『日本考古学協会2005年度福島大会シンポジウム資料集』

写真所蔵（出典）
福島市教育委員会：図1, 2, 3, 6, 7, 9, 12, 16, 19, 21, 26, 27, 28（遺構）, 29, 30, 31, 32, 33, 34, 35, 36, 38, 39, 43, 45, 47
福島県文化財センター白河館まほろん：図22
福島民報新聞：図17上, 18下
大内雅勝：図15, 17下, 18上
新潟県立歴史博物館：図28（ジオラマ）

図版出典
福島市教育委員会：図5, 13, 20
国土地理院2万5千分の1地形図「川俣」：図11
国土地理院50万分の1地方図「東北」：図41

上記以外は著者

シリーズ「遺跡を学ぶ」054

縄文人を描いた土器・和台《わだい》遺跡

2009年2月20日　第1版第1刷発行

著　者＝新井達哉

発行者＝株式会社 新 泉 社
東京都文京区本郷2-5-12
振替・00170-4-160936番　TEL03（3815）1662／FAX03（3815）1422
印刷／萩原印刷　製本／榎本製本

ISBN978-4-7877-0934-9　C1021

シリーズ「遺跡を学ぶ」

A5判／96頁／定価各1500円＋税

◉第Ⅰ期（全31冊完結・セット函入46500円＋税）

01 北辺の海の民・モヨロ貝塚 米村衛
02 天下布武の城・安土城 木戸雅寿
03 古墳時代の地域社会復元・三ツ寺Ⅰ遺跡 若狭徹
04 原始集落を掘る・尖石遺跡 勅使河原彰
05 世界をリードした磁器窯・肥前窯 大橋康二
06 五千年におよぶムラ・平出遺跡 小林康男
07 豊饒の海の縄文文化・曽畑貝塚 木﨑康弘
08 未盗掘石室の発見・雪野山古墳 佐々木憲一
09 氷河期を生き抜いた狩人・矢出川遺跡 堤 隆
10 描かれた黄泉の世界・王塚古墳 柳沢一男
11 江戸のミクロコスモス・加賀藩江戸屋敷 追川吉生
12 北の黒曜石の道・白滝遺跡群 木村英明
13 古代祭祀とシルクロードの終着地・沖ノ島 弓場紀知
14 黒潮を渡った黒曜石・見高段間遺跡 池谷信之
15 縄文のイエとムラの風景・御所野遺跡 高田和徳
16 鉄剣銘一一五文字の謎に迫る・埼玉古墳群 高橋一夫
17 石にこめた縄文人の祈り・大湯環状列石 秋元信夫
18 土器製塩の島・喜兵衛島製塩遺跡と古墳 近藤義郎
19 縄文の社会構造をのぞく・姥山貝塚 堀越正行
20 大仏造立の都・紫香楽宮 小笠原好彦
21 律令国家の対蝦夷政策・相馬の製鉄遺跡群 飯村均
22 筑紫政権からヤマト政権へ・豊前石塚山古墳 長嶺正秀
23 弥生実年代と都市論のゆくえ・池上曽根遺跡 秋山浩三
24 最古の王墓・吉武高木遺跡 常松幹雄
25 石槍革命・八風山遺跡群 須藤隆司
26 大和葛城の大古墳群・馬見古墳群 河上邦彦
27 南九州に栄えた縄文文化・上野原遺跡 新東晃一
28 泉北丘陵に広がる須恵器窯・陶邑遺跡群 中村浩
29 東北古墳研究の原点・会津大塚山古墳 辻秀人
30 赤城山麓の三万年前のムラ・下触牛伏遺跡 小菅将夫
別01 黒耀石の原産地を探る・鷹山遺跡群 黒耀石体験ミュージアム

◉第Ⅱ期（全20冊完結・セット函入30000円＋税）

31 日本考古学の原点・大森貝塚 加藤緑
32 斑鳩に眠る二人の貴公子・藤ノ木古墳 前園実知雄
33 聖なる水の祀りと古代王権・天白磐座遺跡 辰巳和弘
34 吉備の弥生大首長墓・楯築弥生墳丘墓 福本明
35 最初の巨大古墳・箸墓古墳 清水眞一
36 中国山地の縄文文化・帝釈峡遺跡群 河瀬正利
37 縄文文化の起源をさぐる・小瀬ヶ沢・室谷洞窟 小熊博史
38 世界航路へ誘う港市・長崎・平戸 川口洋平
39 武田軍団を支えた甲州金・湯之奥金山 谷口一夫
40 中世瀬戸内の港町・草戸千軒町遺跡 鈴木康之
41 松島湾の縄文カレンダー・里浜貝塚 会田容弘
42 地域考古学の原点・月の輪古墳 近藤義郎・中村常定
43 天下統一の城・大坂城 中村博司
44 東山道の峠の祭祀・神坂峠遺跡 市澤英利
45 霞ヶ浦の縄文景観・陸平貝塚 中村哲也
46 律令体制を支えた地方官衙・弥勒寺遺跡群 田中弘志
47 戦争遺跡の発掘・陸軍前橋飛行場 菊池実
48 最古の農村・板付遺跡 山崎純男
49 ヤマトの王墓・桜井茶臼山古墳・メスリ山古墳 千賀久
50 「弥生時代」の発見・弥生町遺跡 石川日出志

◉第Ⅲ期（全25冊 好評刊行中）

51 邪馬台国の候補地・纒向遺跡 石野博信
52 鎮護国家の大伽藍・武蔵国分寺 福田信夫
53 古代出雲の原像をさぐる・加茂岩倉遺跡 田中義昭
54 縄文人を描いた土器・和台遺跡 新井達哉
55 古墳時代のシンボル・仁徳陵古墳 一瀬和夫